Cambridge Plain Texts

VICTOR HUGO

LA LÉGENDE DES SIÈCLES

T0346148

VICTOR HUGO

EVIRADNUS
RATBERT

LA LÉGENDE
DES SIÈCLES

CAMBRIDGE
AT THE UNIVERSITY PRESS

1922

CAMBRIDGE UNIVERSITY PRESS
Cambridge, New York, Melbourne, Madrid, Cape Town,
Singapore, São Paulo, Delhi, Mexico City

Cambridge University Press
The Edinburgh Building, Cambridge CB2 8RU, UK

Published in the United States of America by Cambridge University Press, New York

www.cambridge.org
Information on this title: www.cambridge.org/9781107643550

First published 1922
Re-issued 2013

A catalogue record for this publication is available from the British Library

ISBN 978-1-107-64355-0 Paperback

NOTE

V. Hugo (1802–1885), "Victor in drama, Victor in Romance," has also, with *La Légende des Siècles* (3 vols. 1859, 1873, 1883), largely succeeded in vindicating for his fellow-countrymen the possession of the epic sense which an eighteenth century wit denied to them[1]. His work here displays many of the essential qualities of the epic—swiftness, abundance, splendour of style, simplicity of thought. It lacks indeed formal unity, and Hugo himself seems to have been conscious of this, for the sub-title of the book when it first appeared was *les Petites Épopées*. Moreover the way in which the different pieces change places in the different editions published by the author proves that he had no fixed plan or order. But we may allow him part at least of the claim advanced in his somewhat grandiose preface, viz. that his poems, though differing in subject-matter, are held together by a single thread—the story of Man's progress through the ages from darkness to light, from the Garden of Eden to the Day of Judgement, and beyond. And although it is usual to scoff at Hugo's pretensions to be a thinker, yet in these legends, in so far as they attempt to interpret occurrences which are part of Man's

[1] "Les Français n'ont pas la tête épique." Nicolas de Malézieu (1650–1729), in conversation with Voltaire.

history or mythology, the poet is not far removed from the philosopher and the religious teacher. It is not however on account of their moral lesson —the punishment of the usurper—that *Eviradnus* and *Ratbert* will be read and re-read, but because of their music and swing, the brilliance of the verse and the Homeric movement of the narrative.

H. F. S.

January 1922.

The text is reprinted by kind permission of M. Gustav Simon

EVIRADNUS

I

Qu'est-ce que Sigismond et Ladislas ont dit ?
Je ne sais si la roche ou l'arbre l'entendit ;
Mais, quand ils ont tout bas parlé dans la broussaille,
L'arbre a fait un long bruit de taillis qui tressaille,
Comme si quelque bête en passant l'eût troublé,
Et l'ombre du rocher ténébreux a semblé
Plus noire, et l'on dirait qu'un morceau de cette ombre
A pris forme et s'en est allé dans le bois sombre,
Et maintenant on voit comme un spectre marchant
Là-bas dans la clarté sinistre du couchant.

Ce n'est pas une bête en son gîte éveillée,
Ce n'est pas un fantôme éclos sous la feuillée,
Ce n'est pas un morceau de l'ombre du rocher,
Qu'on voit là-bas au fond des clairières marcher ;
C'est un vivant qui n'est ni stryge ni lémure ;
Celui qui marche là, couvert d'une âpre armure,
C'est le grand chevalier d'Alsace, Eviradnus.
Ces hommes qui parlaient, il les a reconnus ;
Comme il se reposait dans le hallier, ces bouches
Ont passé, murmurant des paroles farouches,
Et jusqu'à son oreille un mot est arrivé ;
Et c'est pourquoi ce juste et ce preux s'est levé

Il connaît ce pays qu'il parcourut naguère.

Il rejoint l'écuyer Gasclin, page de guerre,
Qui l'attend dans l'auberge, au plus profond du val,
Où tout à l'heure il vient de laisser son cheval
Pour qu'en hâte on lui donne à boire et qu'on le ferre.
Il dit au forgeron: "Faites vite. Une affaire
M'appelle." Il monte en selle et part.

II

EVIRADNUS

                      Eviradnus,
Vieux, commence à sentir le poids des ans chenus;
Mais c'est toujours celui qu'entre tous on renomme,
Le preux que nul n'a vu de son sang économe;
Chasseur du crime, il est nuit et jour à l'affût;
De sa vie il n'a fait d'action qui ne fût
Sainte, blanche et loyale, et la grande pucelle,
L'épée, en sa main pure et sans tache, étincelle.
C'est le Samson chrétien qui, survenant à point,
N'ayant pour enfoncer la porte que son poing,
Entra, pour la sauver, dans Sickingen en flamme;
Qui, s'indignant de voir honorer un infâme,
Fit, sous son dur talon, un tas d'arceaux rompus
Du monument bâti pour l'affreux duc Lupus,
Arracha la statue, et porta la colonne
Du Munster de Strasbourg au pont de Wasselonne,
Et là, fier, la jeta dans les étangs profonds;
On vante Eviradnus d'Altorf à Chaux-de-Fonds;
Quand il songe et s'accoude, on dirait Charlemagne;
Rôdant, tout hérissé, du bois à la montagne,
Velu, fauve, il a l'air d'un loup qui serait bon;
Il a sept pieds de haut comme Jean de Bourbon;
Tout entier au devoir qu'en sa pensée il couve,

Il ne se plaint de rien, mais seulement il trouve
Que les hommes sont bas et que les lits sont courts;
Il écoute partout si l'on crie au secours;
Quand les rois courbent trop le peuple, il le redresse
Avec une intrépide et superbe tendresse;
Il défendit Alix comme Diègue Urraca;
Il est le fort ami du faible; il attaqua
Dans leurs antres les rois du Rhin, et dans leurs bauges
Les barons effrayants et difformes des Vosges;
De tout peuple orphelin il se faisait l'aïeul;
Il mit en liberté les villes; il vint seul
De Hugo Tête-d'Aigle affronter la caverne;
Bon, terrible, il brisa le carcan de Saverne,
La ceinture de fer de Schelestadt, l'anneau
De Colmar et la chaîne au pied de Haguenau.
Tel fut Eviradnus. Dans l'horrible balance
Où les princes jetaient le dol, la violence,
L'iniquité, l'horreur, le mal, le sang, le feu,
Sa grande épée était le contre-poids de Dieu.
Il est toujours en marche, attendu qu'on moleste
Bien des infortunés sous la voûte céleste,
Et qu'on voit dans la nuit bien des mains supplier;
Sa lance n'aime pas moisir au râtelier;
Sa hache de bataille aisément se décroche;
Malheur à l'action mauvaise qui s'approche
Trop près d'Eviradnus, le champion d'acier!
La mort tombe de lui comme l'eau du glacier.
Il est héros; il a pour cousine la race
Des Amadis de France et des Pyrrhus de Thrace;
Il rit des ans. Cet homme à qui le monde entier
N'eût pas fait dire "Grâce!" et demander quartier,
Ira-t-il pas crier au temps: "Miséricorde!"
Il s'est, comme Baudoin, ceint les reins d'une corde;

Tout vieux qu'il est, il est de la grande tribu ;
Le moins fier des oiseaux n'est pas l'aigle barbu.

Qu'importe l'âge? Il lutte. Il vient de Palestine,
Il n'est point las. Les ans s'acharnent ; il s'obstine.

III

DANS LA FORÊT

Quelqu'un qui s'y serait perdu ce soir, verrait
Quelque chose d'étrange au fond de la forêt ;
C'est une grande salle éclairée et déserte.
Où? Dans l'ancien manoir de Corbus.

                                 L'herbe verte,
Le lierre, le chiendent, l'églantier sauvageon,
Font, depuis trois cents ans, l'assaut de ce donjon ;
Le burg, sous cette abjecte et rampante escalade,
Meurt, comme sous la lèpre un sanglier malade ;
Il tombe ; les fossés s'emplissent des créneaux ;
La ronce, ce serpent, tord sur lui ses anneaux ;
Le moineau franc, sans même entendre ses murmures,
Sur ses vieux pierriers morts vient becqueter les mûres ;
L'épine sur son deuil prospère insolemment ;
Mais, l'hiver, il se venge ; alors, le burg dormant
S'éveille, et, quand il pleut pendant des nuits entières,
Quand l'eau glisse des toits et s'engouffre aux gouttières,
Il rend grâce à l'ondée, aux vents, et, content d'eux,
Profite, pour cracher sur le lierre hideux,
Des bouches de granit de ses quatre gargouilles.

Le burg est aux lichens comme le glaive aux rouilles ;
Hélas ! et Corbus, triste, agonise. Pourtant
L'hiver lui plaît ; l'hiver, sauvage combattant,

Il se refait, avec les convulsions sombres
Des nuages hagards croulants sur ses décombres,
Avec l'éclair qui frappe et fuit comme un larron,
Avec les souffles noirs qui sonnent du clairon,
Une sorte de vie effrayante, à sa taille ;
La tempête est la sœur fauve de la bataille ;
Et le puissant donjon, féroce, échevelé,
Dit : "Me voilà !" sitôt que la bise a sifflé ;
Il rit quand l'équinoxe irrité le querelle
Sinistrement, avec son haleine de grêle ;
Il est joyeux, ce burg, soldat encor debout,
Quand, jappant comme un chien poursuivi par un loup,
Novembre, dans la brume errant de roche en roche,
Répond au hurlement de Janvier qui s'approche.
Le donjon crie : "En guerre ! ô tourmente, es-tu là ?"
Il craint peu l'ouragan, lui qui vit Attila.
Oh ! les lugubres nuits ! Combat dans la bruine ;
La nuée attaquant, farouche, la ruine !
Un ruissellement vaste, affreux, torrentiel,
Descend des profondeurs furieuses du ciel ;
Le burg brave la nue ; on entend les gorgones
Aboyer aux huit coins de ses tours octogones ;
Tous les monstres sculptés, sur l'édifice épars,
Grondent, et les lions de pierre des remparts
Mordent la brume, l'air et l'onde, et les tarasques
Battent de l'aile au souffle horrible des bourrasques ;
L'âpre averse en fuyant vomit sur les griffons ;
Et, sous la pluie entrant par les trous des plafonds,
Les guivres, les dragons, les méduses, les drées,
Grincent des dents au fond des chambres effondrées ;
Le château de granit, pareil aux preux de fer,
Lutte toute la nuit, résiste tout l'hiver ;
En vain le ciel s'essouffle, en vain Janvier se rue ;

En vain tous les passants de cette sombre rue
Qu'on nomme l'infini, l'ombre et l'immensité,
Le tourbillon, d'un fouet invisible hâté,
Le tonnerre, la trombe où le typhon se dresse,
S'acharnent sur la fière et haute forteresse;
L'orage la secoue en vain comme un fruit mûr;
Les vents perdent leur peine à guerroyer ce mur,
Le Fôhn[1] bruyant s'y lasse, et sur cette cuirasse
L'Aquilon s'époumonne et l'Autan se harasse,
Et tous ces noirs chevaux de l'air sortent fourbus
De leur bataille avec le donjon de Corbus.

Aussi, malgré la ronce et le chardon et l'herbe,
Le vieux burg est resté triomphal et superbe;
Il est comme un pontife au cœur du bois profond;
Sa tour lui met trois rangs de créneaux sur le front;
Le soir, sa silhouette immense se découpe;
Il a pour trône un roc, haute et sublime croupe;
Et, par les quatre coins, sud, nord, couchant, levant,
Quatre monts, Crobius, Bléda, géants du vent,
Aptar où croît le pin, Toxis que verdit l'orme,
Soutiennent au-dessus de sa tiare énorme
Les nuages, ce dais livide de la nuit.

Le pâtre a peur, et croit que cette tour le suit;
Les superstitions ont fait Corbus terrible;
On dit que l'Archer Noir a pris ce burg pour cible,
Et que sa cave est l'antre où dort le Grand Dormant;
Car les gens des hameaux tremblent facilement;
Les légendes toujours mêlent quelque fantôme
A l'obscure vapeur qui sort des toits de chaume;
L'âtre enfante le rêve, et l'on voit ondoyer
L'effroi dans la fumée errante du foyer.

[1] Germ. *Fôhn*, Lat. *favonius* = S. wind.

Aussi, le paysan rend grâce à sa roture
Qui le dispense, lui, d'audace et d'aventure,
Et lui permet de fuir ce burg de la forêt
Qu'un preux, par point d'honneur belliqueux, cher-
    cherait.

Corbus voit rarement au loin passer un homme.
Seulement, tous les quinze ou vingt ans, l'économe
Et l'huissier du palais, avec des cuisiniers
Portant tout un festin dans de larges paniers,
Viennent, font des apprêts mystérieux, et partent;
Et, le soir, à travers les branches qui s'écartent,
On voit de la lumière au fond du burg noirci,
Et nul n'ose approcher. Et pourquoi? Le voici:

IV

LA COUTUME DE LUSACE

C'est l'usage, à la mort du marquis de Lusace,
Que l'héritier du trône, en qui revit la race,
Avant de revêtir les royaux attributs,
Aille, une nuit, souper dans la tour de Corbus;
C'est de ce noir souper qu'il sort prince et margrave;
La marquise n'est bonne et le marquis n'est brave
Que s'ils ont respiré les funèbres parfums
Des siècles dans ce nid des vieux maîtres défunts;
Les marquis de Lusace ont une haute tige,
Et leur source est profonde à donner le vertige;
Ils ont pour père Antée, ancêtre d'Attila;
De ce vaincu d'Alcide une race coula;
C'est la race, autrefois païenne, puis chrétienne,
De Lechus, de Platon, d'Othon, d'Ursus, d'Étienne,
Et de tous ces seigneurs des rocs et des forêts

Bordant l'Europe au nord, flot d'abord, digue après.
Corbus est double: il est burg au bois, ville en plaine;
Du temps où l'on montait sur la tour châtelaine,
On voyait, au delà des pins et des rochers,
Sa ville perçant l'ombre au loin de ses clochers;
Cette ville a des murs; pourtant ce n'est pas d'elle
Que relève l'antique et noble citadelle;
Fière, elle s'appartient; quelquefois un château
Est l'égal d'une ville; en Toscane, Prato,
Barletta dans la Pouille, et Crême en Lombardie
Valent une cité, même forte et hardie;
Corbus est de ce rang. Sur ses rudes parois
Ce burg a le reflet de tous les anciens rois;
Tous leurs événements, toutes leurs funérailles,
Ont, chantant ou pleurant, traversé ses murailles,
Tous s'y sont mariés, la plupart y sont nés;
C'est là que flamboyaient ces barons couronnés;
Corbus est le berceau de la royauté scythe.
Or, le nouveau marquis doit faire une visite
A l'histoire qu'il va continuer. La loi
Veut qu'il soit seul pendant la nuit qui le fait roi.
Au seuil de la forêt, un clerc lui donne à boire
Un vin mystérieux versé dans un ciboire,
Qui doit, le soir venu, l'endormir jusqu'au jour;
Puis on le laisse; il part et monte dans la tour;
Il trouve dans la salle une table dressée;
Il soupe et dort; et l'ombre envoie à sa pensée
Tous les spectres des rois depuis le duc Bela;
Nul n'oserait entrer au burg cette nuit-là;
Le lendemain, on vient en foule, on le délivre;
Et, plein des visions du sommeil, encore ivre
De tous ces grands aïeux qui lui sont apparus,
On le mène à l'église où dort Borivorus;

L'évêque lui bénit la bouche et la paupière,
Et met dans ses deux mains les deux haches de pierre
Dont Attila frappait, juste comme la mort,
D'un bras sur le Midi, de l'autre sur le Nord.

Ce jour-là, sur les tours de la ville, on arbore
Le menaçant drapeau du marquis Swantibore
Qui lia dans les bois et fit manger aux loups
Sa femme et le taureau dont il était jaloux.

Même quand l'héritier du trône est une femme,
Le souper de la tour de Corbus la réclame ;
C'est la loi ; seulement, la pauvre femme a peur.

V

LA MARQUISE MAHAUD

La nièce du dernier marquis, Jean le Frappeur,
Mahaud, est aujourd'hui marquise de Lusace.
Dame, elle a la couronne, et, femme, elle a la grâce
Une reine n'est pas reine sans la beauté.
C'est peu que le royaume, il faut la royauté.
Dieu dans son harmonie également emploie
Le cèdre qui résiste et le roseau qui ploie,
Et, certes, il est bon qu'une femme parfois
Ait dans sa main les mœurs, les esprits et les lois,
Succède au maître altier, sourie au peuple, et mène,
En lui parlant tout bas, la sombre troupe humaine ;
Mais la douce Mahaud, dans ces temps de malheur,
Tient trop le sceptre, hélas ! comme on tient une fleur ;
Elle est gaie, étourdie, imprudente et peureuse.
Toute une Europe obscure autour d'elle se creuse ;
Et, quoiqu'elle ait vingt ans, on a beau la prier,

Elle n'a pas encor voulu se marier.
Il est temps cependant qu'un bras viril l'appuie;
Comme l'arc-en-ciel rit entre l'ombre et la pluie,
Comme la biche joue entre le tigre et l'ours,
Elle a, la pauvre belle aux purs et chastes jours,
Deux noirs voisins qui font une noire besogne:
L'empereur d'Allemagne et le roi de Pologne.

VI

LES DEUX VOISINS

Toute la différence entre ce sombre roi
Et ce sombre empereur, sans foi, sans Dieu, sans loi,
C'est que l'un est la griffe et que l'autre est la serre;
Tous deux vont à la messe et disent leur rosaire;
Ils n'en passent pas moins pour avoir fait tous deux
Dans l'enfer un traité d'alliance hideux;
On va même jusqu'à chuchoter à voix basse,
Dans la foule où la peur d'en haut tombe et s'amasse,
L'affreux texte d'un pacte entre eux et le pouvoir
Qui s'agite sous l'homme au fond du monde noir;
Quoique l'un soit la haine et l'autre la vengeance,
Ils vivent côte à côte en bonne intelligence;
Tous les peuples qu'on voit saigner à l'horizon
Sortent de leur tenaille et sont de leur façon;
Leurs deux figures sont lugubrement grandies
Par de rouges reflets de sacs et d'incendies;
D'ailleurs, comme David, suivant l'usage ancien,
L'un est poëte, et l'autre est bon musicien;
Et, les déclarant dieux, la renommée allie
Leurs noms dans les sonnets qui viennent d'Italie.
L'antique hiérarchie a l'air mise en oubli,
Car, suivant le vieil ordre en Europe établi,

L'empereur d'Allemagne est duc, le roi de France
Marquis; les autres rois ont peu de différence;
Ils sont barons autour de Rome, leur pilier,
Et le roi de Pologne est simple chevalier;
Mais dans ce siècle on voit l'exception unique
Du roi sarmate égal au césar germanique.
Chacun s'est fait sa part; l'Allemand n'a qu'un soin,
Il prend tous les pays de terre ferme au loin;
Le Polonais, ayant le rivage baltique,
Veut des ports; il a pris toute la mer Celtique;
Sur tous les flots du Nord il pousse ses dromons;
L'Islande voit passer ses navires démons;
L'Allemand brûle Anvers et conquiert les deux Prusses,
Le Polonais secourt Spotocus, duc des Russes,
Comme un plus grand boucher en aide un plus petit;
Le roi prend, l'empereur pille, usurpe, investit;
L'empereur fait la guerre à l'ordre teutonique,
Le roi sur le Jutland pose son pied cynique;
Mais, qu'ils brisent le faible ou qu'ils trompent le fort,
Quoi qu'ils fassent, ils ont pour loi d'être d'accord;
Des geysers du pôle aux cités transalpines,
Leurs ongles monstrueux, crispés sur des rapines,
Égratignent le pâle et triste continent.
Et tout leur réussit. Chacun d'eux, rayonnant,
Mène à fin tous ses plans lâches ou téméraires,
Et règne; et, sous Satan paternel, ils sont frères;
Ils s'aiment; l'un est fourbe et l'autre est déloyal;
Ils sont les deux bandits du grand chemin royal.
O les noirs conquérants! et quelle œuvre éphémère!
L'ambition, branlant ses têtes de chimère,
Sous leur crâne brumeux, fétide et sans clarté,
Nourrit la pourriture et la stérilité;
Ce qu'ils font est néant et cendre; une hydre allaite,

Dans leur âme nocturne et profonde, un squelette.
Le Polonais sournois, l'Allemand hasardeux,
Remarquent qu'à cette heure une femme est près d'eux;
Tous deux guettent Mahaud. Et naguère avec rage,
De sa bouche, qu'empourpre une lueur d'orage
Et d'où sortent des mots pleins d'ombre et teints de sang,
L'empereur a jeté cet éclair menaçant:
"L'empire est las d'avoir au dos cette besace
Qu'on appelle la haute et la basse Lusace,
Et dont la pesanteur, qui nous met sur les dents,
S'accroît, quand, par hasard, une femme est dedans."
Le Polonais se tait, épie et patiente.
Ce sont deux grands dangers; mais cette insouciante
Sourit, gazouille et danse, aime les doux propos,
Se fait bénir du pauvre et réduit les impôts;
Elle est vive, coquette, aimable et bijoutière;
Elle est femme toujours; dans sa couronne altière,
Elle choisit la perle, elle a peur du fleuron;
Car le fleuron tranchant, c'est l'homme et le baron.
Elle a des tribunaux d'amour qu'elle préside;
Aux copistes d'Homère elle paye un subside;
Elle a tout récemment accueilli dans sa cour
Deux hommes, un luthier avec un troubadour,
Dont on ignore tout, le nom, le rang, la race,
Mais qui, conteurs charmants, le soir, sur la terrasse,
A l'heure où les vitraux aux brises sont ouverts,
Lui font de la musique et lui disent des vers.
Or, en juin, la Lusace, en août, les Moraves,
Font la fête du trône et sacrent leurs margraves;
C'est aujourd'hui le jour du burg mystérieux;
Mahaud viendra ce soir souper chez ses aïeux.

Qu'est-ce que tout cela fait à l'herbe des plaines,

Aux oiseaux, à la fleur, au nuage, aux fontaines?
Qu'est-ce que tout cela fait aux arbres des bois?
Que le peuple ait des jougs et que l'homme ait des rois,
L'eau coule, le vent passe et murmure : "Qu'importe!"

VII

LA SALLE A MANGER

La salle est gigantesque; elle n'a qu'une porte;
Le mur fuit dans la brume et semble illimité;
En face de la porte, à l'autre extrémité,
Brille, étrange et splendide, une table adossée
Au fond de ce livide et froid rez-de-chaussée;
La salle a pour plafond les charpentes du toit;
Cette table n'attend qu'un convive; on n'y voit
Qu'un fauteuil sous un dais qui pend aux poutres noires;
Les anciens temps ont peint sur le mur leurs histoires:
Le fier combat du roi des Vendes Thassilo
Contre Nemrod sur terre et Neptune sur l'eau,
Le fleuve Rhin trahi par la rivière Meuse,
Et, groupes blêmissants sur la paroi brumeuse,
Odin, le loup Fenris et le serpent Asgar;
Et toute la lumière éclairant ce hangar,
Qui semble d'un dragon avoir été l'étable,
Vient d'un flambeau sinistre allumé sur la table;
C'est le grand chandelier aux sept branches de fer
Que l'archange Attila rapporta de l'enfer
Après qu'il eut vaincu le Mammon, et sept âmes
Furent du noir flambeau les sept premières flammes.
Toute la salle semble un grand linéament
D'abîme, modelé dans l'ombre vaguement;
Au fond, la table éclate avec la brusquerie
De la clarté heurtant des blocs d'orfévrerie;

De beaux faisans tués par les traîtres faucons,
Des viandes froides, force aiguières et flacons,
Chargent la table où s'offre une opulente agape;
Les plats bordés de fleurs sont en vermeil; la nappe
Vient de Frise, pays célèbre par ses draps;
Et pour les fruits, brugnons, fraises, pommes, cédrats,
Les pâtres de la Murg ont sculpté les sébiles;
Ces orfévres du bois sont des rustres habiles
Qui font sur une écuelle ondoyer des jardins
Et des monts où l'on voit fuir des chasses aux daims.
Sur une vasque d'or aux anses florentines,
Des actéons cornus et chaussés de bottines
Luttent, l'épée au poing, contre des lévriers;
Des branches de glaïeul et de genévriers,
Des roses, des bouquets d'anis, une jonchée
De sauge tout en fleur nouvellement fauchée,
Couvrent d'un frais parfum de printemps répandu
Un tapis d'Ispahan sous la table étendu.
Dehors, c'est la ruine et c'est la solitude.
On entend, dans sa rauque et vaste inquiétude,
Passer sur le hallier, par l'été rajeuni,
Le vent, onde de l'ombre et flot de l'infini.
On a remis partout des vitres aux verrières
Qu'ébranle la rafale arrivant des clairières;
L'étrange, dans ce lieu ténébreux et rêvant,
Ce serait que celui qu'on attend fût vivant;
Aux lueurs du sept-bras, qui fait flamboyer presque
Les vagues yeux épars sur la lugubre fresque,
On voit le long des murs, par place, un escabeau,
Quelque long coffre obscur à meubler le tombeau,
Et des buffets chargés de cuivre et de faïence;
Et la porte, effrayante et sombre confiance,
Est formidablement ouverte sur la nuit.

Rien ne parle en ce lieu, d'où tout homme s'enfuit.
La terreur, dans les coins accroupie, attend l'hôte.
Cette salle à manger de titans est si haute,
Qu'en égarant, de poutre en poutre, son regard
Aux étages confus de ce plafond hagard,
On est presque étonné de n'y pas voir d'étoiles.
L'araignée est géante en ces hideuses toiles
Flottant là-haut, parmi les madriers profonds
Que mordent aux deux bouts les gueules des griffons.
La lumière a l'air noire et la salle a l'air morte.
La nuit retient son souffle. On dirait que la porte
A peur de remuer tout haut ses deux battants.

VIII

CE QU'ON Y VOIT ENCORE

Mais ce que cette salle, antre obscur des vieux temps,
A de plus sépulcral et de plus redoutable,
Ce n'est pas le flambeau, ni le dais, ni la table;
C'est, le long de deux rangs d'arches et de piliers,
Deux files de chevaux avec leurs chevaliers.

Chacun à son pilier s'adosse et tient sa lance;
L'arme droite, ils se font vis-à-vis en silence;
Les chanfreins sont lacés; les harnais sont bouclés;
Les chatons des cuissards sont barrés de leurs clés;
Les trousseaux de poignards sur l'arçon se répandent;
Jusqu'aux pieds des chevaux les caparaçons pendent;
Les cuirs sont agrafés; les ardillons d'airain
Attachent l'éperon, serrent le gorgerin;
La grande épée à mains brille au croc de la selle;
La hache est sur le dos, la dague est sous l'aisselle;
Les genouillères ont leur boutoir meurtrier;

Les mains pressent la bride, et les pieds l'étrier;
Ils sont prêts; chaque heaume est masqué de son crible;
Tous se taisent; pas un ne bouge; c'est terrible.

Les chevaux monstrueux ont la corne au frontail.
Si Satan est berger, c'est là son noir bétail.
Pour en voir de pareils dans l'ombre, il faut qu'on dorme,
Ils sont comme engloutis sous la housse difforme;
Les cavaliers sont froids, calmes, graves, armés,
Effroyables, les poings lugubrement fermés;
Si l'enfer tout à coup ouvrait ces mains fantômes,
On verrait quelque lettre affreuse dans leurs paumes.
De la brume du lieu leur stature s'accroît.
Autour d'eux l'ombre a peur et les piliers ont froid.
O nuit, qu'est-ce que c'est que ces guerriers livides?

Chevaux et chevaliers sont des armures vides,
Mais debout. Ils ont tous encor le geste fier,
L'air fauve; et, quoiqu'étant de l'ombre, ils sont du fer.
Sont-ce des larves? Non; et sont-ce des statues?
Non. C'est de la chimère et de l'horreur, vêtues
D'airain, et, des bas-fonds de ce monde puni,
Faisant une menace obscure à l'infini;
Devant cette impassible et morne chevauchée,
L'âme tremble et se sent des spectres approchée,
Comme si l'on voyait la halte des marcheurs
Mystérieux que l'aube efface en ses blancheurs.
Si quelqu'un, à cette heure, osait franchir la porte,
A voir se regarder ces masques de la sorte,
Il croirait que la mort, à de certains moments,
Rhabillant l'homme, ouvrant les sépulcres dormants,
Ordonne, hors du temps, de l'espace et du nombre,
Des confrontations de fantômes dans l'ombre.

Les linceuls ne sont pas plus noirs que ces armets;
Les tombeaux, quoique sourds et voilés pour jamais,
Ne sont pas plus glacés que ces brassards; les bières
N'ont pas leurs ais hideux mieux joints que ces jam-
 bières;
Le casque semble un crâne; et, de squammes couverts,
Les doigts des gantelets luisent comme des vers;
Ces robes de combat ont des plis de suaires;
Ces pieds pétrifiés siéraient aux ossuaires;
Ces piques ont des bois lourds et vertigineux
Où des têtes de mort s'ébauchent dans les nœuds.
Ils sont tous arrogants sur la selle, et leurs bustes
Achèvent les poitrails des destriers robustes;
Les mailles sur leurs flancs croisent leurs durs tricots;
Le mortier des marquis près des tortils ducaux
Rayonne, et sur l'écu, le casque et la rondache,
La perle triple alterne avec les feuilles d'ache;
La chemise de guerre et le manteau de roi
Sont si larges, qu'ils vont du maître au palefroi;
Les plus anciens harnais remontent jusqu'à Rome;
L'armure du cheval sous l'armure de l'homme
Vit d'une vie horrible, et guerrier et coursier
Ne font qu'une seule hydre aux écailles d'acier.

L'histoire est là; ce sont toutes les panoplies
Par qui furent jadis tant d'œuvres accomplies;
Chacune, avec son timbre en forme de delta,
Semble la vision du chef qui la porta;
Là sont les ducs sanglants et les marquis sauvages
Qui portaient pour pennons au milieu des ravages
Des saints dorés et peints sur des peaux de poissons.
Voici Geth, qui criait aux Slaves: "Avançons!"
Mundiaque, Ottocar, Platon, Ladislas Cunne,

Welf, dont l'écu portait: "Ma peur se nomme aucune."
Zultan, Nazamystus, Othon le Chassieux;
Depuis Spignus jusqu'à Spartibor-aux-trois-yeux,
Toute la dynastie effrayante d'Antée
Semble là sur le bord des siècles arrêtée.

Que font-ils là, debout et droits? Qu'attendent-ils?
L'aveuglement remplit l'armet aux durs sourcils.
L'arbre est là sans la sève et le héros sans l'âme;
Où l'on voit des yeux d'ombre on vit des yeux de
        flamme;
La visière aux trous ronds sert de masque au néant;
Le vide s'est fait spectre, et rien s'est fait géant;
Et chacun de ces hauts cavaliers est l'écorce
De l'orgueil, du défi, du meurtre et de la force;
Le sépulcre glacé les tient; la rouille mord
Ces grands casques, épris d'aventure et de mort,
Que baisait leur maîtresse auguste, la bannière;
Pas un brassard ne peut remuer sa charnière;
Les voilà tous muets, eux qui rugissaient tous,
Et, grondant et grinçant, rendaient les clairons fous;
Le heaume affreux n'a plus de cri dans ses gencives;
Ces armures, jadis fauves et convulsives,
Ces hauberts, autrefois pleins d'un souffle irrité,
Sont venus s'échouer dans l'immobilité,
Regarder devant eux l'ombre qui se prolonge,
Et prendre dans la nuit la figure du songe.

Ces deux files, qui vont depuis le morne seuil
Jusqu'au fond où l'on voit la table et le fauteuil,
Laissent entre leurs fronts une ruelle étroite;
Les marquis sont à gauche et les ducs sont à droite;
Jusqu'au jour où le toit que Spignus crénela,

Chargé d'ans, croulera sur leur tête, ils sont là,
Inégaux face à face, et pareils côte à côte.
En dehors des deux rangs, en avant, tête haute,
Comme pour commander le funèbre escadron
Qu'éveillera le bruit du suprême clairon,
Les vieux sculpteurs ont mis un cavalier de pierre,
Charlemagne, ce roi qui de toute la terre
Fit une table ronde à douze chevaliers.

Les cimiers surprenants, tragiques, singuliers,
Cauchemars entrevus dans le sommeil sans bornes,
Sirènes aux seins nus, mélusines, licornes,
Farouches bois de cerfs, aspics, alérions,
Sur la rigidité des pâles morions,
Semblent une forêt de monstres qui végète;
L'un penche en avant, l'autre en arrière se jette;
Tous ces êtres, dragons, cerbères orageux,
Que le bronze et le rêve ont créés dans leurs jeux,
Lions volants, serpents ailés, guivres palmées,
Faits pour l'effarement des livides armées,
Espèces de démons composés de terreur,
Qui, sur le heaume altier des barons en fureur,
Hurlaient, accompagnant la bannière géante,
Sur les cimiers glacés songent, gueule béante,
Comme s'ils s'ennuyaient, trouvant les siècles longs;
Et, regrettant les morts saignants sous les talons,
Les trompettes, la poudre immense, la bataille,
Le carnage, on dirait que l'Épouvante bâille.
Le métal fait reluire, en reflets durs et froids,
Sa grande larme au mufle obscur des palefrois;
De ces spectres pensifs l'odeur des temps s'exhale;
Leur ombre est formidable au plafond de la salle;
Aux lueurs du flambeau frissonnant, au-dessus

Des blêmes cavaliers vaguement aperçus,
Elle remue et croît dans les ténébreux faîtes;
Et la double rangée horrible de ces têtes
Fait, dans l'énormité des vieux combles fuyants,
De grands nuages noirs aux profils effrayants.

Et tout est fixe, et pas un coursier ne se cabre
Dans cette légion de la guerre macabre;
Oh! ces hommes masqués sur ces chevaux voilés,
Chose affreuse!

   A la brume éternelle mêlés,
Ayant chez les vivants fini leur tâche austère,
Muets, ils sont tournés du côté du mystère;
Ces sphinx ont l'air, au seuil du gouffre où rien ne luit,
De regarder l'énigme en face dans la nuit,
Comme si, prêts à faire, entre les bleus pilastres,
Sous leurs sabots d'acier étinceler les astres,
Voulant pour cirque l'ombre, ils provoquaient d'en bas,
Pour on ne sait quels fiers et funèbres combats,
Dans le champ sombre où n'ose aborder la pensée,
La sinistre visière au fond des cieux baissée.

IX

BRUIT QUE FAIT LE PLANCHER

C'est là qu'Eviradnus entre; Gasclin le suit.

Le mur d'enceinte étant presque partout détruit,
Cette porte, ancien seuil des marquis patriarches,
Qu'au-dessus de la cour exhaussent quelques marches,
Domine l'horizon; et toute la forêt
Autour de son perron comme un gouffre apparaît.

L'épaisseur du vieux roc de Corbus est propice
A cacher plus d'un sourd et sanglant précipice;
Tout le burg, et la salle elle-même, dit-on,
Sont bâtis sur des puits faits par le duc Platon;
Le plancher sonne; on sent au-dessous des abîmes.

"Page, dit ce chercheur d'aventures sublimes,
Viens. Tu vois mieux que moi, qui n'ai plus de bons
    yeux,
Car la lumière est femme et se refuse aux vieux;
Bah! voit toujours assez qui regarde en arrière.
On découvre d'ici la route et la clairière;
Garçon, vois-tu là-bas venir quelqu'un?" Gasclin
Se penche hors du seuil; la lune est dans son plein,
D'une blanche lueur la clairière est baignée.
"Une femme à cheval. Elle est accompagnée.
— De qui?" Gasclin répond: "Seigneur, j'entends les
    voix
De deux hommes parlant et riant, et je vois
Trois ombres de chevaux qui passent sur la route.
— Bien, dit Eviradnus. Ce sont eux. Page, écoute:
Tu vas partir d'ici. Prends un autre chemin.
Va-t'en sans être vu. Tu reviendras demain
Avec nos deux chevaux, frais, en bon équipage,
Au point du jour. C'est dit. Laisse-moi seul." Le page,
Regardant son bon maître avec des yeux de fils,
Dit: "Si je demeurais? Ils sont deux. — Je suffis.
Va."

X

EVIRADNUS IMMOBILE

    Le héros est seul sous ces grands murs sévères,
Il s'approche un moment de la table où les verres

Et les hanaps, dorés et peints, petits et grands,
Sont étagés, divers pour les vins différents ;
Il a soif ; les flacons tentent sa lèvre avide ;
Mais la goutte qui reste au fond d'un verre vide
Trahirait que quelqu'un dans la salle est vivant ;
Il va droit aux chevaux. Il s'arrête devant
Celui qui le plus près de la table étincelle,
Il prend le cavalier et l'arrache à la selle ;
La panoplie en vain lui jette un pâle éclair,
Il saisit corps à corps le fantôme de fer,
Et l'emporte au plus noir de la salle ; et, pliée
Dans la cendre et la nuit, l'armure humiliée
Reste adossée au mur comme un héros vaincu ;
Eviradnus lui prend sa lance et son écu,
Monte en selle à sa place, et le voilà statue.

Pareil aux autres, froid, la visière abattue,
On n'entend pas un souffle à sa lèvre échapper,
Et le tombeau pourrait lui-même s'y tromper.

Tout est silencieux dans la salle terrible.

XI

UN PEU DE MUSIQUE

Écoutez ! — Comme un nid qui murmure invisible,
Un bruit confus s'approche, et des rires, des voix,
Des pas, sortent du fond vertigineux des bois.

Et voici qu'à travers la grande forêt brune
Qu'emplit la rêverie immense de la lune,
On entend frissonner et vibrer mollement,
Communiquant au bois son doux frémissement,

La guitare des monts d'Inspruck, reconnaissable
Au grelot de son manche où sonne un grain de sable;
Il s'y mêle la voix d'un homme, et ce frisson
Prend un sens et devient une vague chanson:

"Si tu veux, faisons un rêve,
Montons sur deux palefrois:
Tu m'emmènes, je t'enlève.
L'oiseau chante dans les bois.

Je suis ton maître et ta proie;
Partons, c'est la fin du jour;
Mon cheval sera la joie,
Ton cheval sera l'amour.

Nous ferons toucher leurs têtes;
Les voyages sont aisés;
Nous donnerons à ces bêtes
Une avoine de baisers.

Viens! nos doux chevaux mensonges
Frappent du pied tous les deux,
Le mien au fond de mes songes,
Et le tien au fond des cieux.

Un bagage est nécessaire:
Nous emporterons nos vœux,
Nos bonheurs, notre misère,
Et la fleur de tes cheveux.

Viens, le soir brunit les chênes,
Le moineau rit; ce moqueur
Entend le doux bruit des chaînes
Que tu m'as mises au cœur.

Ce ne sera point ma faute
Si les forêts et les monts,
En nous voyant côte à côte,
Ne murmurent pas: 'Aimons!'

Viens, sois tendre, je suis ivre.
O les verts taillis mouillés!
Ton souffle te fera suivre
Des papillons réveillés.

L'envieux oiseau nocturne,
Triste, ouvrira son œil rond:
Les nymphes, penchant leur urne,
Dans les grottes souriront,

Et diront: 'Sommes-nous folles?
C'est Léandre avec Héro;
En écoutant leurs paroles
Nous laissons tomber notre eau.'

Allons-nous-en par l'Autriche!
Nous aurons l'aube à nos fronts;
Je serai grand, et toi riche,
Puisque nous nous aimerons.

Allons-nous-en par la terre,
Sur nos deux chevaux charmants,
Dans l'azur, dans le mystère,
Dans les éblouissements!

Nous entrerons à l'auberge,
Et nous payerons l'hôtelier
De ton sourire de vierge,
De mon bonjour d'écolier.

Tu seras dame, et moi comte ;
Viens, mon cœur s'épanouit,
Viens, nous conterons ce conte
Aux étoiles de la nuit.''

La mélodie encor quelques instants se traîne
Sous les arbres bleus par la lune sereine,
Puis tremble, puis expire ; et la voix qui chantait
S'éteint comme un oiseau se pose ; tout se tait.

XII

LE GRAND JOSS ET LE PETIT ZÉNO

Soudain, au seuil lugubre apparaissent trois têtes
Joyeuses, et d'où sort une lueur de fêtes ;
Deux hommes, une femme en robe de drap d'or.
L'un des hommes paraît trente ans ; l'autre est encor
Plus jeune, et, sur son dos, il porte en bandoulière
La guitare où s'enlace une branche de lierre ;
Il est grand et blond ; l'autre est petit, pâle et brun :
Ces hommes, qu'on dirait faits d'ombre et de parfum,
Sont beaux, mais le démon dans leur beauté grimace ;
Avril a de ces fleurs où rampe une limace.

"Mon grand Joss, mon petit Zéno, venez ici.
Voyez. C'est effrayant.''

                              Celle qui parle ainsi
C'est madame Mahaud ; le clair de lune semble
Caresser sa beauté qui rayonne et qui tremble,
Comme si ce doux être était de ceux que l'air
Crée, apporte et remporte en un céleste éclair.

"Passer ici la nuit! Certe, un trône s'achète!
Si vous n'étiez venus m'escorter en cachette,
Dit-elle, je serais vraiment morte de peur."

La lune éclaire auprès du seuil, dans la vapeur,
Un des grands chevaliers adossés aux murailles.

"Comme je vous vendrais à l'encan ces ferrailles!
Dit Zéno: je ferais, si j'étais le marquis,
De ce tas de vieux clous sortir des vins exquis,
Des galas, des tournois, des bouffons et des femmes."

Et, frappant cet airain d'où sort le bruit des âmes,
Cette armure où l'on voit frémir le gantelet,
Calme et riant, il donne au sépulcre un soufflet.

"Laissez donc mes aïeux, dit Mahaud qui murmure.
Vous êtes trop petit pour toucher cette armure."

Zéno pâlit. Mais Joss: "Ça, des aïeux! J'en ris.
Tous ces bonshommes noirs sont des nids de souris.
Pardieu! pendant qu'ils ont l'air terrible, et qu'ils
          songent,
Écoutez, on entend le bruit des dents qui rongent.
Et dire qu'en effet autrefois tout cela
S'appelait Ottocar, Othon, Platon, Bela!
Hélas! la fin n'est pas plaisante, et déconcerte.
Soyez donc ducs et rois! je ne voudrais pas, certe,
Avoir été colosse, avoir été héros,
Madame, avoir empli de morts des tombereaux,
Pour que sous ma farouche et fière bourguignotte,
Moi, prince et spectre, un rat paisible me grignote!

— C'est que ce n'est point là votre état, dit Mahaud.
Chantez, soit; mais ici ne parlez pas trop haut.

— Bien dit, reprend Zéno. C'est un lieu de prodiges.
Et quant à moi, je vois des serpentes, des stryges,
Tout un fourmillement de monstres, s'ébaucher
Dans la brume qui sort des fentes du plancher."

Mahaud frémit.

               "Ce vin que l'abbé m'a fait boire,
Va bientôt m'endormir d'une façon très noire;
Jurez-moi de rester près de moi.

                             — J'en réponds,"
Dit Joss; et Zéno dit: "Je le jure. Soupons."

XIII

ILS SOUPENT

Et, riant et chantant, ils s'en vont vers la table.

"Je fais Joss chambellan et Zéno connétable,"
Dit Mahaud. Et tous trois causent, joyeux et beaux,
Elle sur le fauteuil, eux sur des escabeaux;
Joss mange, Zéno boit, Mahaud rêve. La feuille
N'a pas de bruit distinct qu'on note et qu'on recueille,
Ainsi va le babil sans forme et sans lien;
Joss par moments fredonne un chant tyrolien,
Et fait rire ou pleurer la guitare; les contes
Se mêlent aux gaîtés fraîches, vives et promptes.
Mahaud dit: "Savez-vous que vous êtes heureux?
— Nous sommes bien portants, jeunes, fous, amoureux;

C'est vrai. — De plus, tu sais le latin comme un prêtre,
Et Joss chante fort bien. — Oui, nous avons un maître
Qui nous donne cela par-dessus le marché.
— Quel est son nom? — Pour nous Satan, pour vous
    Péché,"
Dit Zéno, caressant jusqu'en sa raillerie
"Ne riez pas ainsi, je ne veux pas qu'on rie.
Paix, Zéno! Parle-moi toi, Joss, mon chambellan.
— Madame, Viridis, comtesse de Milan,
Fut superbe; Diane éblouissait le pâtre;
Aspasie, Isabeau de Saxe, Cléopâtre,
Sont des noms devant qui la louange se tait;
Rhodope fut divine; Érylésis était
Si belle, que Vénus, jalouse de sa gorge,
La traîna toute nue en la céleste forge
Et la fit sur l'enclume écraser par Vulcain;
Eh bien! autant l'étoile éclipse le sequin,
Autant le temple éclipse un monceau de décombres,
Autant vous effacez toutes ces belles ombres!
Ces coquettes qui font des mines dans l'azur,
Les elfes, les péris, ont le front jeune et pur
Moins que vous, et pourtant le vent et ses bouffées
Les ont galamment d'ombre et de rayons coiffées.
— Flatteur, tu chantes bien," dit Mahaud. Joss re-
    prend:
"Si j'étais, sous le ciel splendide et transparent,
Ange, fille ou démon, s'il fallait que j'apprisse
La grâce, la gaîté, le rire et le caprice,
Altesse, je viendrais à l'école chez vous.
Vous êtes une fée aux yeux divins et doux,
Ayant pour un vil sceptre échangé sa baguette."
Mahaud songe: "On dirait que ton regard me guette,
Tais-toi. Voyons, de vous tout ce que je connais,

C'est que Joss est Bohême et Zéno Polonais,
Mais vous êtes charmants; et pauvres; oui, vous l'êtes;
Moi, je suis riche; eh bien! demandez-moi, poëtes,
Tout ce que vous voudrez. — Tout! Je vous prends
     au mot,
Répond Joss. Un baiser! — Un baiser! dit Mahaud
Surprise en ce chanteur d'une telle pensée;
Savez-vous qui je suis?" Et fière et courroucée,
Elle rougit. Mais Joss n'est pas intimidé:
"Si je ne le savais, aurais-je demandé
Une faveur qu'il faut qu'on obtienne, ou qu'on prenne?
Il n'est don que de roi ni baiser que de reine.
— Reine!" et Mahaud sourit.

XIV

APRÈS SOUPER

                Cependant, par degrés,
Le narcotique éteint ses yeux d'ombre enivrés;
Zéno l'observe, un doigt sur la bouche; elle penche
La tête, et, souriant, s'endort, sereine et blanche.

Zéno lui prend la main qui retombe.

                    "Elle dort!
Dit Zéno; maintenant, vite, tirons au sort.
D'abord, à qui l'État? Ensuite, à qui la fille?"

Dans ces deux profils d'homme un œil de tigre brille.

'Frère, dit Joss, parlons politique à présent.
La Mahaud dort et fait quelque rêve innocent;
Nos griffes sont dessus. Nous avons cette folle.

L'ami de dessous terre est sûr et tient parole ;
Le hasard, grâce à lui, ne nous a rien ôté
De ce que nous avons construit et comploté ;
Tout nous a réussi. Pas de puissance humaine
Qui nous puisse arracher la femme et le domaine.
Concluons. Guerroyer, se chamailler pour rien,
Pour un oui, pour un non, pour un dogme arien
Dont le pape sournois rira dans la coulisse,
Pour quelque fille ayant une peau fraîche et lisse,
Des yeux bleus et des mains blanches comme le lait ;
C'était bon dans le temps où l'on se querellait
Pour la croix byzantine ou pour la croix latine,
Et quand Pépin tenait un synode à Leptine,
Et quand Rodolphe et Jean, comme deux hommes soûls,
Glaive au poing s'arrachaient leur Agnès de deux sous ;
Aujourd'hui, tout est mieux et les mœurs sont plus
        douces ;
Frère, on ne se met plus ainsi la guerre aux trousses,
Et l'on sait en amis régler un différend ;
As-tu des dés ?

            — J'en ai.

                    — Celui qui gagne prend
Le marquisat ; celui qui perd a la marquise.

— Bien.

        — J'entends du bruit.

                    — Non, dit Zéno, c'est la bise
Qui souffle bêtement, et qu'on prend pour quelqu'un.
As-tu peur ?

— Je n'ai peur de rien, que d'être à jeun,
Répond Joss, et sur moi que les gouffres s'écroulent!
— Finissons. Que le sort décide."

> Les dés roulent.

"Quatre."

> Joss prend les dés.

> "Six. Je gagne tout net.
J'ai trouvé la Lusace au fond de ce cornet.
Dès demain j'entre en danse avec tout mon orchestre.
Taxes partout. Payez. La corde ou le séquestre.
Des trompettes d'airain seront mes galoubets.
Les impôts, cela pousse en plantant des gibets."

Zéno dit: "J'ai la fille. Eh bien! je le préfère.

— Elle est belle, dit Joss.

> — Pardieu!

> — Qu'en vas-tu faire?
— Un cadavre."

> Et Zéno reprend:
> "En vérité,
La créature m'a tout à l'heure insulté.
Petit! voilà le mot qu'a dit cette femelle.
Si l'enfer m'eût crié, béant sous ma semelle,
Dans la sombre minute où je tenais les dés:
'Fils, les hasards ne sont pas encor décidés;

Je t'offre le gros lot: la Lusace aux sept villes;
Je t'offre dix pays de blés, de vins et d'huiles,
A ton choix, ayant tous leur peuple diligent;
Je t'offre la Bohême et ses mines d'argent,
Ce pays le plus haut du monde, ce grand antre
D'où plus d'un fleuve sort, où pas un ruisseau n'entre;
Je t'offre le Tyrol aux monts d'azur remplis,
Et je t'offre la France avec les fleurs de lis;
Qu'est-ce que tu choisis?' J'aurais dit: 'La vengeance.'
Et j'aurais dit: 'Enfer, plutôt que cette France,
Et que cette Bohême, et ce Tyrol si beau,
Mets à mes ordres l'ombre et les vers du tombeau!'
Mon frère, cette femme, absurdement marquise
D'une marche terrible où tout le Nord se brise,
Et qui, dans tous les cas, est pour nous un danger,
Ayant été stupide au point de m'outrager,
Il convient qu'elle meure; et puis, s'il faut tout dire,
Je l'aime; et la lueur que de mon cœur je tire,
Je la tire du tien: tu l'aimes aussi, toi.
Frère, en faisant ici, chacun dans notre emploi,
Les bohêmes, pour mettre à fin cette équipée,
Nous sommes devenus, près de cette poupée,
Niais, toi comme un page, et moi comme un barbon,
Et, de galants pour rire, amoureux pour de bon;
Oui, nous sommes tous deux épris de cette femme;
Or, frère, elle serait entre nous une flamme;
Tôt ou tard, et malgré le bien que je te veux,
Elle nous mènerait à nous prendre aux cheveux;
Vois-tu, nous finirions par rompre notre pacte.
Nous l'aimons. Tuons-la.

                              — Ta logique est exacte,
Dit Joss rêveur; mais quoi, du sang ici?"

Zéno

Pousse un coin du tapis, tâte, prend un anneau,
Le tire, et le plancher se soulève; un abîme
S'ouvre; il en sort de l'ombre ayant l'odeur du crime;
Joss marche vers la trappe; et, les yeux dans les yeux,
Zéno muet la montre à Joss silencieux;
Joss se penche, approuvant de la tête le gouffre.

XV

LES OUBLIETTES

S'il sortait de ce puits une lueur de soufre,
On dirait une bouche obscure de l'enfer.
La trappe est large assez pour qu'en un brusque éclair
L'homme étonné qu'on pousse y tombe à la renverse;
On distingue les dents sinistres d'une herse,
Et, plus bas, le regard flotte dans de la nuit;
Le sang sur les parois fait un rougeâtre enduit;
L'épouvante est au fond de ce puits, toute nue;
On sent qu'il pourrit là de l'histoire inconnue,
Et que ce vieux sépulcre, oublié maintenant,
Cuve du meurtre, est plein de larves se traînant,
D'ombres tâtant le mur et de spectres reptiles.
"Nos aïeux ont parfois fait des choses utiles,"
Dit Joss. Et Zéno dit: "Je connais le château;
Ce que le mont Corbus cache sous son manteau,
Nous le savons, l'orfraie et moi; cette bâtisse
Est vieille; on y rendait autrefois la justice.

— Es-tu sûr que Mahaud ne se réveille point?

— Son œil est clos ainsi que je ferme mon poing;
Elle dort d'une sorte âpre et surnaturelle,
L'obscure volonté du philtre étant sur elle.

— Elle s'éveillera demain au point du jour?

— Dans l'ombre.

                   — Et que va dire ici toute la cour
Quand, au lieu d'une femme, ils trouveront deux
    hommes?

— Tous se prosterneront en sachant qui nous sommes.

— Où va cette oubliette?

                   — Aux torrents, aux corbeaux,
Au néant. Finissons."

                  Ces hommes, jeunes, beaux,
Charmants, sont à présent difformes, tant s'efface
Sous la noirceur du cœur le rayon de la face,
Tant l'homme est transparent à l'enfer qui l'emplit.
Ils s'approchent. Mahaud dort comme dans un lit.
"Allons!"

        Joss la saisit sous les bras, et dépose
Un baiser monstrueux sur cette bouche rose;
Zéno, penché devant le grand fauteuil massif,
Prend ses pieds endormis et charmants; et, lascif,
Lève la robe d'or jusqu'à la jarretière.

Le puits, comme une fosse au fond d'un cimetière,
Est là béant.

XVI

CE QU'ILS FONT DEVIENT PLUS DIFFICILE
A FAIRE

Portant Mahaud, qui dort toujours,
Ils marchent lents, courbés, en silence, à pas lourds,
Zéno tourné vers l'ombre et Joss vers la lumière;
La salle aux yeux de Joss apparaît tout entière;
Tout à coup il s'arrête, et Zéno dit: "Eh bien?"
Mais Joss est effrayant; pâle, il ne répond rien
Et fait signe à Zéno, qui regarde en arrière...
Tous deux semblent changés en deux spectres de pierre;
Car tous deux peuvent voir, là, sous un cintre obscur,
Un des grands chevaliers rangés le long du mur
Qui se lève et descend de cheval; ce fantôme,
Tranquille sous le masque horrible de son heaume,
Vient vers eux, et son pas fait trembler le plancher:
On croit entendre un Dieu de l'abîme marcher;
Entre eux et l'oubliette, il vient barrer l'espace,
Et dit, le glaive haut et la visière basse,
D'une voix sépulcrale et lente comme un glas:
"Arrête, Sigismond! Arrête, Ladislas!"
Tous deux laissent tomber la marquise, de sorte
Qu'elle gît à leurs pieds et paraît une morte.

La voix de fer parlant sous le grillage noir
Reprend, pendant que Joss blêmit, lugubre à voir,
Et que Zéno chancelle ainsi qu'un mât qui sombre:
"Hommes qui m'écoutez, il est un pacte sombre
Dont tout l'univers parle et que vous connaissez;
Le voici: 'Moi, Satan, dieu des cieux éclipsés,
Roi des jours ténébreux, prince des vents contraires,
Je contracte alliance avec mes deux bons frères,

L'empereur Sigismond et le roi Ladislas;
Sans jamais m'absenter ni dire: *Je suis las*,
Je les protégerai dans toute conjoncture;
De plus, je cède, en libre et pleine investiture,
Étant seigneur de l'onde et souverain du mont,
La mer à Ladislas, la terre à Sigismond,
A la condition que, si je le réclame,
Le roi m'offre sa tête et l'empereur son âme.'

— Serait-ce lui? dit Joss. Spectre aux yeux fulgurants,
Es-tu Satan?

     — Je suis plus et moins. Je ne prends
Que vos têtes, ô rois des crimes et des trames,
Laissant sous l'ongle noir se débattre vos âmes."

Ils se regardent, fous, brisés, courbant le front,
Et Zéno dit à Joss: "Hein! qu'est-ce que c'est donc?"
Joss bégaye: "Oui, la nuit nous tient. Pas de refuge.
De quelle part viens-tu? Qu'es-tu, spectre?

        — Le juge.

— Grâce!"

   La voix reprend:
        "Dieu conduit par la main
Le vengeur en travers de votre affreux chemin;
L'heure où vous existiez est une heure sonnée;
Rien ne peut plus bouger dans votre destinée;
L'idée inébranlable et calme est dans le joint.
Oui, je vous regardais. Vous ne vous doutiez point
Que vous aviez sur vous l'œil fixe de la peine,

Et que quelqu'un savait dans cette ombre malsaine
Que Joss fût kayser et que Zéno fût roi.
Vous venez de parler tout à l'heure, pourquoi?
Tout est dit. Vos forfaits sont sur vous, incurables,
N'espérez rien. Je suis l'abîme, ô misérables!
Ah! Ladislas est roi, Sigismond est césar;
Dieu n'est bon qu'à servir de roue à votre char;
Toi, tu tiens la Pologne avec ses villes fortes;
Toi, Milan t'a fait duc, Rome empereur, tu portes
La couronne de fer et la couronne d'or;
Toi, tu descends d'Hercule, et toi, de Spartibor;
Vos deux tiares sont les deux lueurs du monde;
Tous les monts de la terre et tous les flots de l'onde
Ont, altiers ou tremblants, vos deux ombres sur eux;
Vous êtes les jumeaux du grand vertige heureux;
Vous avez la puissance et vous avez la gloire;
Mais, sous ce ciel de pourpre et sous ce dais de moire,
Sous cette inaccessible et haute dignité,
Sous cet arc de triomphe au cintre illimité,
Sous ce royal pouvoir, couvert de sacrés voiles,
Sous ces couronnes, tas de perles et d'étoiles,
Sous tous ces grands exploits, prompts, terribles, fou-
    gueux,
Sigismond est un monstre et Ladislas un gueux!
O dégradation du sceptre et de l'épée!
Noire main de justice aux cloaques trempée!
Devant l'hydre, le seuil du temple ouvre ses gonds,
Et le trône est un siége aux croupes des dragons!
Siècle infâme! ô grand ciel étoilé, que de honte!
Tout rampe; pas un front où le rouge ne monte,
C'est égal, on se tait, et nul ne fait un pas.
O peuple, million et million de bras,
Toi, que tous ces rois-là mangent et déshonorent,

Toi, que Leurs Majestés les vermines dévorent,
Est-ce que tu n'as pas des ongles, vil troupeau,
Pour ces démangeaisons d'empereurs sur ta peau !
Du reste, en voilà deux de pris ; deux âmes telles
Que l'enfer même rêve étonné devant elles !
Sigismond, Ladislas, vous étiez triomphants,
Splendides, inouïs, prospères, étouffants ;
Le temps d'être punis arrive ; à la bonne heure.
Ah ! le vautour larmoie et le caïman pleure.
J'en ris. Je trouve bon qu'à de certains instants,
Les princes, les heureux, les forts, les éclatants,
Les vainqueurs, les puissants, tous les bandits suprêmes,
A leurs fronts cerclés d'or, chargés de diadèmes,
Sentent l'âpre sueur de Josaphat monter.
Il est doux de voir ceux qui hurlaient sangloter.
La peur après le crime ; après l'affreux, l'immonde.
C'est bien. Dieu tout-puissant ! quoi, des maîtres du
        monde,
C'est ce que, dans la cendre et sous mes pieds,
        j'ai là !
Quoi, ceci règne ! Quoi, c'est un césar, cela !
En vérité, j'ai honte, et mon vieux cœur se serre
De les voir se courber plus qu'il est nécessaire.
Finissons. Ce qui vient de se passer ici,
Princes, veut un linceul promptement épaissi ;
Ces mêmes dés hideux qui virent le Calvaire
Ont roulé, dans mon ombre indignée et sévère,
Sur une femme, après avoir roulé sur Dieu.
Vous avez joué là, rois, un lugubre jeu.
Mais, soit. Je ne vais pas perdre à de la morale
Ce moment que remplit la brume sépulcrale.
Vous ne voyez plus clair dans vos propres chemins,
Et vos doigts ne sont plus assez des doigts humains

Pour qu'ils puissent tâter vos actions funèbres;
A quoi bon présenter le miroir aux ténèbres?
A quoi bon vous parler de ce que vous faisiez?
Boire de l'ombre, étant de nuit rassasiés,
C'est ce que vous avez l'habitude de faire,
Rois, au point de ne plus sentir dans votre verre
L'odeur des attentats et le goût des forfaits.
Je vous dis seulement que ce vil portefaix,
Votre siècle, commence à trouver vos altesses
Lourdes d'iniquités et de scélératesses;
Il est las, c'est pourquoi je vous jette au monceau
D'ordures que des ans emporte le ruisseau!
Ces jeunes gens penchés sur cette jeune fille,
J'ai vu cela! Dieu bon, sont-ils de la famille
Des vivants, respirant sous ton clair horizon?
Sont-ce des hommes? Non. Rien qu'à voir la façon
Dont votre lèvre touche aux vierges endormies,
Princes, on sent en vous des goules, des lamies,
D'affreux êtres sortis des cercueils soulevés.
Je vous rends à la nuit. Tout ce que vous avez
De la face de l'homme est un mensonge infâme;
Vous avez quelque bête effroyable au lieu d'âme;
Sigismond l'assassin, Ladislas le forban,
Vous êtes des damnés en rupture de ban;
Donc lâchez les vivants et lâchez les empires!
Hors du trône, tyrans! à la tombe, vampires!
Chiens du tombeau, voici le sépulcre. Rentrez."

Et son doigt est tourné vers le gouffre.

                                        Atterrés,
Ils s'agenouillent.

       "Oh! dit Sigismond, fantôme!
Ne nous emmène pas dans ton morne royaume!
Nous t'obéirons. Dis, qu'exiges-tu de nous?
Grâce!"

       Et le roi dit: "Vois, nous sommes à genoux,
Spectre!"

       Une vieille femme a la voix moins débile.

La figure qui tient l'épée est immobile,
Et se tait, comme si cet être souverain
Tenait conseil en lui sous un linceul d'airain;
Tout à coup, élevant sa voix grave et hautaine:

"Princes, votre façon d'être lâches me gêne.
Je suis homme et non spectre. Allons, debout! mon bras
Est le bras d'un vivant; il ne me convient pas
De faire une autre peur que celle où j'ai coutume.
Je suis Eviradnus."

XVII

LA MASSUE

       Comme sort de la brume
Un sévère sapin, vieilli dans l'Appenzell,
A l'heure où le matin au souffle universel
Passe, des bois profonds balayant la lisière,
Le preux ouvre son casque, et hors de la visière
Sa longue barbe blanche et tranquille apparaît.

Sigismond s'est dressé comme un dogue en arrêt;
Ladislas bondit, hurle, ébauche une huée,
Grince des dents et rit, et, comme la nuée
Résume en un éclair le gouffre pluvieux,
Toute sa rage éclate en ce cri: "C'est un vieux!"

Le grand chevalier dit, regardant l'un et l'autre :
"Rois, un vieux de mon temps vaut deux jeunes du
    vôtre.
Je vous défie à mort, laissant à votre choix
D'attaquer l'un sans l'autre ou tous deux à la fois ;
Prenez au tas quelque arme ici qui vous convienne ;
Vous êtes sans cuirasse et je quitte la mienne ;
Car le châtiment doit lui-même être correct."

Eviradnus n'a plus que sa veste d'Utrecht.

Pendant que, grave et froid, il déboucle sa chape,
Ladislas, furtif, prend un couteau sur la nappe,
Se déchausse, et, rapide et bras levé, pieds nus,
Il se glisse en rampant derrière Eviradnus ;
Mais Eviradnus sent qu'on l'attaque en arrière,
Se tourne, empoigne et tord la lame meurtrière,
Et sa main colossale étreint comme un étau
Le cou de Ladislas, qui lâche le couteau ;
Dans l'œil du nain royal on voit la mort paraître.

"Je devrais te couper les quatre membres, traître,
Et te laisser ramper sur tes moignons sanglants.
Tiens, dit Eviradnus, meurs vite !"

                       Et sur ses flancs
Le roi s'affaisse, et, blême et l'œil hors de l'orbite,
Sans un cri, tant la mort formidable est subite,
Il expire.

        L'un meurt, mais l'autre s'est dressé.
Le preux, en délaçant sa cuirasse, a posé
Sur un banc son épée, et Sigismond l'a prise.

Le jeune homme effrayant rit de la barbe grise ;
L'épée au poing, joyeux, assassin rayonnant,
Croisant les bras, il crie : "A mon tour maintenant !"
Et les noirs chevaliers, juges de cette lice,
Peuvent voir, à deux pas du fatal précipice,
Près de Mahaud, qui semble un corps inanimé,
Eviradnus sans arme et Sigismond armé.
Le gouffre attend. Il faut que l'un des deux y tombe.

"Voyons un peu sur qui va se fermer la tombe,
Dit Sigismond. C'est toi le mort ! c'est toi le chien !"

Le moment est funèbre ; Eviradnus sent bien
Qu'avant qu'il ait choisi dans quelque armure un
     glaive,
Il aura dans les reins la pointe qui se lève ;
Que faire ? tout à coup sur Ladislas gisant
Son œil tombe ; il sourit terrible, et, se baissant
De l'air d'un lion pris qui trouve son issue :
"Hé ! dit-il, je n'ai pas besoin d'autre massue !"
Et, prenant aux talons le cadavre du roi,
Il marche à l'empereur qui chancelle d'effroi ;
Il brandit le roi mort comme une arme, il en joue,
Il tient dans ses deux poings les deux pieds, et secoue
Au-dessus de sa tête, en murmurant : "Tout beau !"
Cette espèce de fronde horrible du tombeau,
Dont le corps est la corde et la tête la pierre.
Le cadavre éperdu se renverse en arrière,
Et les bras disloqués font des gestes hideux.

Lui, crie : "Arrangez-vous, princes, entre vous deux.
Si l'enfer s'éteignait, dans l'ombre universelle,
On le rallumerait, certe, avec l'étincelle

Qu'on peut tirer d'un roi heurtant un empereur."
Sigismond, sous ce mort qui plane, ivre d'horreur,
Recule, sans la voir, vers la lugubre trappe;
Soudain le mort s'abat et le cadavre frappe...
Eviradnus est seul. Et l'on entend le bruit
De deux spectres tombant ensemble dans la nuit.
Le preux se courbe au seuil du puits, son œil y plonge,
Et, calme, il dit tout bas, comme parlant en songe :
"C'est bien! disparaissez, le tigre et le chacal!"

XVIII
LE JOUR REPARAIT

Il reporte Mahaud sur le fauteuil ducal,
Et, de peur qu'au réveil elle ne s'inquiète,
Il referme sans bruit l'infernale oubliette,
Puis remet tout en ordre autour de lui, disant :

"La chose n'a pas fait une goutte de sang;
C'est mieux."

Mais, tout à coup, la cloche au loin éclate;
Les monts gris sont bordés d'un long fil écarlate;
Et voici que, portant des branches de genêt,
Le peuple vient chercher sa dame; l'aube naît.
Les hameaux sont en branle, on accourt; et vermeille,
Mahaud, en même temps que l'aurore, s'éveille;
Elle pense rêver et croit que le brouillard
A pris ces jeunes gens pour en faire un vieillard,
Et les cherche des yeux, les regrettant peut-être;
Eviradnus salue, et le vieux vaillant maître,
S'approchant d'elle avec un doux sourire ami :
"Madame, lui dit-il, avez-vous bien dormi?"

RATBERT

I

LES CONSEILLERS PROBES ET LIBRES

Ratbert, fils de Rodolphe et petit-fils de Charles,
Qui se dit empereur et qui n'est que roi d'Arles,
Vêtu de son habit de patrice romain,
Et la lance du grand saint Maurice à la main,
Est assis au milieu de la place d'Ancône.
Sa couronne est l'armet de Didier, et son trône
Est le fauteuil de fer de Henri l'Oiseleur.
Sont présents cent barons et chevaliers, la fleur
Du grand arbre héraldique et généalogique
Que ce sol noir nourrit de sa sève tragique.
Spinola, qui prit Suse et qui la ruina,
Jean de Carrara, Pons, Sixte Malaspina
Au lieu de pique ayant la longue épine noire,
Ugo, qui fit noyer ses sœurs dans leur baignoire,
Regardent dans leurs rangs entrer avec dédain
Guy, sieur de Pardiac et de l'Ile-en-Jourdain,
Guy, parmi tous ces gens de lustre et de naissance,
N'ayant encor pour lui que le sac de Vicence,
Et, du reste, n'étant qu'un batteur de pavé,
D'origine quelconque et de sang peu prouvé.
L'exarque Sapaudus que le saint-siége envoie,
Sénèque, marquis d'Ast, Bos, comte de Savoie,
Le tyran de Massa, le sombre Albert Cibo
Que le marbre aujourd'hui fait blanc sur son tombeau,
Ranuce, caporal de la ville d'Anduze,
Foulque, ayant pour cimier la tête de Méduse,
Marc, ayant pour devise: IMPERIUM FIT JUS,

Entourent Afranus, évêque de Fréjus.
Là sont Farnèse, Ursin, Cosme à l'âme avilie ;
Puis les quatre marquis souverains d'Italie,
L'archevêque d'Urbin, Jean, bâtard de Rodez,
Alonze de Silva, ce duc dont les cadets
Sont rois, ayant conquis l'Algarve portugaise,
Et Visconti, seigneur de Milan, et Borghèse,
Et l'homme entre tous faux, glissant, habile, ingrat,
Avellan, duc de Tyr et sieur de Montferrat ;
Près d'eux Prendiparte, capitaine de Sienne,
Pic, fils d'un astrologue et d'une Égyptienne,
Alde Aldobrandini ; Guiscard, sieur de Beaujeu,
Et le gonfalonier du saint-siége et de Dieu,
Gandolfe, à qui, plus tard, le pape Urbain fit faire
Une statue équestre en l'église Saint-Pierre,
Complimentent Martin de la Scala, le roi
De Vérone, et le roi de Tarente, Geoffroy ;
A quelques pas se tient Galco, comte d'Athène,
Fils du vieux Muzzufer, le rude capitaine
Dont les clairons semblaient des bouches d'aquilon ;
De plus, deux petits rois, Agrippin et Gilon.
Tous jeunes, beaux, heureux, pleins de joie et farouches.

Les seigneurs vont aux rois ainsi qu'au miel les mouches.
Tous sont venus, des burgs, des châteaux, des manoirs ;
Et la place autour d'eux est déserte ; et cent noirs,
Tout nus, et cent piquiers aux armures persanes
En barrent chaque rue avec leurs pertuisanes.
Geoffroy, Martin, Gilon, l'enfant Agrippin trois,
Sont assis sous le dais près du maître, étant rois.

Dans ce réseau de chefs qui couvrait l'Italie,
Je passe Théodat, prince de Trente ; Élie

Despote d'Avenzo, qu'a réclamé l'oubli ;
Ce borgne Ordelafo, le bourreau de Forli ;
Lascaris, que sa tante Alberte fit eunuque ;
Othobon, sieur d'Assise, et Tibalt, sieur de Lucque ;
C'est que, bien que mêlant aux autres leurs drapeaux,
Ceux-là ne comptaient point parmi les principaux ;
Dans un filet on voit les fils moins que les câbles ;
Je nomme seulement les monstres remarquables.

Derrière eux, sur la pierre auguste d'un portail,
Est sculpté Satan, roi, forçat, épouvantail,
L'effrayant ramasseur de haillons de l'abîme,
Ayant sa hotte au dos, pleine d'âmes, son crime
Sur son aile qui ploie, et son croc noir qui luit
Dans son poing formidable, et, dans ses yeux, la nuit.

Pour qui voudrait peser les droits que donne au maître
La pureté du sang dont le Ciel l'a fait naître,
Ratbert est fils d'Agnès, comtesse d'Elseneur ;
Or, c'est la même gloire et c'est le même honneur
D'être enfanté d'Agnès que né de Messaline.

Malaspina, portant l'épine javeline,
Redoutable marquis, à l'œil fauve et dévot,
Est à droite du roi, comme comte et prévôt.

C'est un de ces grands jours où les bannières sortent.
Dix chevaliers de l'ordre Au Droit Désir apportent
Le Nœud d'Or, précédés d'Énéas, leur massier,
Et d'un héraut de guerre en soutane d'acier.

Le roi brille, entouré d'une splendeur d'épées.
Plusieurs femmes sont là, près du trône groupées ;

Élise d'Antioche, Ana, Cubitosa,
Fille d'Azon, qu'Albert de Mantoue épousa;
La plus belle, Matha, sœur du prince de Cumes,
Est blonde; et, l'éventant d'un éventail de plumes,
Sa naine, par moments, lui découvre les seins;
Couchée et comme lasse au milieu des coussins,
Elle enivre le roi d'attitudes lascives;
Son rire jeune et fou laisse voir ses gencives;
Elle a ce vêtement ouvert sur le côté,
Qui, plus tard, fut au Louvre effrontément porté
Par Bonne de Berry, fille de Jean de France.

Dans Ancône, est-ce deuil, terreur, indifférence?
Tout se tait; les maisons, les bouges, les palais,
Ont bouché leur lucarne ou fermé leurs volets;
Le cadran qui dit l'heure a l'air triste et funeste.

Le soleil luit aux cieux comme dans une peste;
Que l'homme soit foulé par les rois ou saisi
Par les fléaux, l'azur n'en a point de souci;
Le soleil, qui n'a pas d'ombre et de lueurs fausses,
Rit devant les tyrans comme il rit sur les fosses.

Ratbert vient d'inventer, en se frappant le front,
Un piége où ceux qu'il veut détruire tomberont;
Il en parle tout bas aux princes qui sourient.
La prière — le peuple aime que les rois prient —
Est faite par Tibère, évêque de Verceil.

Tous étant réunis, on va tenir conseil.

Les deux huissiers de l'Ordre, Anchise avec Trophime,
Invitent le plus grand comme le plus infime

A parler, l'empereur voulant que les avis,
Mauvais, soient entendus, et, justes, soient suivis;
Puis il est répété par les huissiers, Anchise
Et Trophime, qu'il faut avec pleine franchise
Sur la guerre entreprise offrir son sentiment;
Que chacun doit parler à son tour librement;
Que c'est jour de chapitre et jour de conscience;
Et que, dans ces jours-là, les rois ont patience,
Vu que, devant le Christ, Thomas Didyme a pu
Parler insolemment sans être interrompu.
Et puisse l'empereur vivre longues années!

On voit devant Ratbert trois haches destinées,
La première, au quartier de bœuf rouge et fumant
Qu'un grand brasier joyeux cuit à son flamboiement;
La deuxième, au tonneau de vin que sur la table
A placé l'échanson aidé du connétable;
La troisième à celui dont l'avis déplaira.

On se lève. On se tait. C'est Jean de Carrara.

"Ta politique est sage et ta guerre est adroite,
Noble empereur, et Dieu te tient dans sa main droite.
Qui te conteste est traître et qui te brave est fou.
Je suis ton homme lige, et, toujours, n'importe où,
Je te suivrai, mon maître, et j'aimerai ta chaîne,
Et je la porterai.

        — Celle-ci, capitaine,
Dit Ratbert, lui jetant au cou son collier d'or.
De plus, j'ai Perpignan, je t'en fais régidor."

L'archevêque d'Urbin salue; il examine
Le plan de guerre, sac des communes, famine,

Les moyens souterrains, les rapports d'espions:
"Sire, vous êtes grand comme les Scipions;
En vous voyant, le flanc de l'Église tressaille.

— Archevêque, pardieu! dit Ratbert, je te baille
Un sou par muid de vin qu'on boit à Besançon."

Cibo, qui parle avec un accent brabançon,
S'en excuse, ayant fait à Louvain ses études,
Et dit:

      "Sire, les gens à fières attitudes
Sont des félons; pieds nus et la chaîne aux poignets,
Qu'on les fouette. O mon roi! par votre mère Agnès,
Vous êtes empereur, vous avez les trois villes,
Arles, Rome de Gaule et la mère des Milles,
Bordeaux en Aquitaine et les îles de Ré,
Naple, où le mont Vésuve est fort considéré.
Qui vous résiste essaye une lutte inutile;
Noble, qu'on le dégrade, et, serf, qu'on le mutile;
Vous affronter est crime, orgueil, lâche fureur;
Quiconque ne dit pas: 'Ratbert est l'empereur,'
Doit mourir; nous avons des potences, j'espère.
Quant à moi, je voudrais, fût-ce mon propre père,
S'il osait blasphémer César que Dieu conduit,
Voir les corbeaux percher sur ses côtes la nuit,
Et la lune passer à travers son squelette."

Ratbert dit: "Bon marquis, je te donne Spolète."

C'est à Malaspina de parler. Un vieillard
Se troublerait devant ce jeune homme; il sait l'art
D'évoquer le démon, la stryge, l'égrégore[1];

   [1] ἐγρήγορος = a watcher (spirit), cf. Dan. iv. 10 (LXX).

Il teint sa dague avec du suc de mandragore;
Il sait des palefrois empoisonner le mors;
Dans une guerre il a rempli de serpents morts
Les citernes de l'eau qu'on boit dans les Abruzzes;
Il dit: "La guerre est sainte!" Il rend compte des ruses,
A voix basse, et finit à voix haute en priant:
"Fais régner l'empereur du nord à l'orient!
Mon Dieu, c'est par sa bouche auguste que tu parles.

— Je te fais capischol de mon chapitre d'Arles,"
Dit Ratbert.

    Afranus se lève le dernier.
Cet évêque est pieux, charitable, aumônier;
Quoique jeune, il voulait se faire anachorète;
Il est grand casuiste et très savant; il traite
Les biens du monde en homme austère et détaché;
Jadis, il a traduit en vers latins Psyché;
Comme il est humble, il a les reins ceints d'une corde.
Il invoque l'esprit divin, puis il aborde
Les questions: — Ratbert, par stratagème, a mis
Son drapeau sur les murs d'Ancône; c'est permis,
Ancône étant peu sage; et la ruse est licite
Lorsqu'elle a glorieuse et pleine réussite,
Et qu'au bonheur public on la voit aboutir;
Et ce n'est pas tromper, et ce n'est pas mentir
Que mettre à la raison les discordes civiles;
Les prétextes sont bons pour entrer dans les villes.—
Il ajoute: "La ruse, ou ce qu'on nomme ainsi,
Fait de la guerre, en somme, un art plus adouci;
Moins de coups, moins de bruit; la victoire plus sûre.
J'admire notre prince, et, quand je le mesure
Aux anciens Alarics, aux antiques Cyrus

Passant leur vie en chocs violents et bourrus,
Je l'estime plus grand, faisant la différence
D'Ennius à Virgile et de Plaute à Térence.
Je donne mon avis, sire, timidement;
Je suis d'Église et n'ai que l'humble entendement
D'un pauvre clerc, mieux fait pour chanter des can-
    tiques
Que pour parler devant de si grands politiques;
Mais, beau sire, on ne peut voir que son horizon
Et raisonner qu'avec ce qu'on a de raison;
Je suis prêtre, et la messe est ma seule lecture;
Je suis très ignorant; chacun a sa monture
Qu'il monte avec audace ou bien avec effroi;
Il faut pour l'empereur le puissant palefroi
Bardé de fer, nourri d'orge blanche et d'épeautre,
Le dragon pour l'archange et l'âne pour l'apôtre.
Je poursuis, et je dis qu'il est bon que le droit
Soit, pour le roi, très large, et, pour le peuple, étroit,
Le peuple étant bétail, et le roi berger. Sire,
L'empereur ne veut rien sans que Dieu le désire.
Donc, faites! Vous pouvez, sans avertissements,
Guerroyer les chrétiens comme les ottomans;
Les ottomans étant hors de la loi vulgaire,
On peut les attaquer sans déclarer la guerre;
C'est si juste et si vrai, que, pour premiers effets,
Vos flottes, sire, ont pris dix galères de Fez;
Quant aux chrétiens, du jour qu'ils sont vos adversaires,
Ils sont de fait païens, sire, et de droit corsaires.
Il serait malheureux qu'un scrupule arrêtât
Sa Majesté, quand c'est pour le bien de l'État.
Chaque affaire a sa loi; chaque chose a son heure.
La fille du marquis de Final est mineure;
Peut-on la détrôner? En même temps, peut-on

Conserver à la sœur de l'empereur Menton?
Sans doute. Les pays ont des mœurs différentes.
Pourvu que de l'Église on maintienne les rentes,
On le peut. Les vieux temps, qui n'ont plus d'avocats,
Agissaient autrement; mais je fais peu de cas
De ces temps-là; c'étaient des temps de république.
L'empereur, c'est la règle; et, bref, la loi salique,
Très mauvaise à Menton, est très bonne à Final.

— Évêque, dit le roi, tu seras cardinal."

Pendant que le conseil se tenait de la sorte,
Et qu'ils parlaient ainsi dans cette ville morte,
Et que le maître avait sous ses pieds ces prélats,
Ces femmes, ces barons en habits de galas,
Et l'Italie au loin comme une solitude,
Quelques seigneurs, ainsi qu'ils en ont l'habitude,
Regardant derrière eux d'un regard inquiet,
Virent que le Satan de pierre souriait.

II

LA DÉFIANCE D'ONFROY

Parmi les noirs déserts et les mornes silences,
Ratbert, pour l'escorter, n'ayant que quelques lances
Et le marquis Sénèque et l'évêque Afranus,
Traverse, presque seul, des pays inconnus;
Mais il sait qu'il est fort de l'effroi qu'il inspire,
Et que l'empereur porte avec lui tout l'empire.
Un soir, Ratbert s'arrête aux portes de Carpi;
Sur ce seuil formidable un dogue est accroupi;
Ce dogue, c'est Onfroy, le baron de la ville;
Calme et fier, sous la dent d'une herse incivile,
Onfroy s'adosse aux murs qui bravaient Attila;
Les femmes, les enfants et les soldats sont là;
Et voici ce que dit le vieux podestat sombre
Qui parle haut, ayant son peuple dans son ombre:

"Roi, nous te saluons sans plier les genoux.
Nous avons une chose à te dire. Quand nous,
Gens de guerre et barons qui tenions la province,
Nous avons bien voulu de toi pour notre prince,
Quand nous t'avons donné ce peuple et cet État,
Sire, ce n'était point pour qu'on les maltraitât.
Jadis nous étions forts. Quand tu nous fis des offres,
Nous étions très puissants; de l'argent plein nos coffres;
Et nous avions battu tes plus braves soldats;
Nous étions tes vainqueurs. Roi, tu ne marchandas
Aucun engagement, sire, aucune promesse;
On traita; tu juras par ta mère et la messe;
Nous alors, las d'avoir de l'acier sur la peau,

Comptant que tu serais bon berger du troupeau,
Et qu'on abolirait les taxes et les dîmes,
Nous vînmes te prêter hommage, et nous pendîmes
Nos casques, nos hauberts et nos piques aux clous.
Roi, nous voulons des chiens qui ne soient pas des loups.
Tes gens se sont conduits d'une telle manière
Qu'aujourd'hui toute ville, altesse, est prisonnière
De la peur que ta suite et tes soldats lui font,
Et que pas un fossé ne semble assez profond.
Vois, on se garde. Ici, dans les villes voisines,
On ne lève jamais qu'un pieu des sarrasines
Pour ne laisser passer qu'un seul homme à la fois,
A cause des brigands et de vous autres rois.
Roi, nous te remontrons que ta bande à toute heure
Dévalise ce peuple, entre dans sa demeure,
Y met tout en tumulte et sens dessus dessous,
Puis s'en va, lui volant ses misérables sous;
Cette horde en ton nom incessamment réclame
Le bien des pauvres gens qui nous fait saigner l'âme,
Et puisque, nous présents avec nos compagnons,
On le prend sous nos yeux, c'est nous qui le donnons;
Oui, c'est nous qui, trouvant qu'il vous manque des
      filles,
Des meutes, des chevaux, des reîtres, des bastilles,
Lorsque vous guerroyez et lorsque vous chassez,
Et qu'ayant trop de tout, vous n'avez point assez,
Avons la bonté rare et touchante de faire
Des charités, à vous, les heureux de la terre
Qui dormez dans la plume et buvez dans l'or fin,
Avec tous les liards de tous les meurt-de-faim !
Or, il nous reste encore, il faut que tu le saches,
Assez de vieux pierriers, assez de vieilles haches,
Assez de vieux engins au fond de nos greniers,

Sire, pour ne pas être à ce point aumôniers,
Et pour ne faire point, comme dans ton Autriche,
Avec l'argent du pauvre une largesse au riche.
Nous pouvons, en creusant, retrouver aujourd'hui
Nos estocs sous la rouille et nos cœurs sous l'ennui ;
Nous pouvons décrocher, de nos mains indignées,
Nos bannières parmi les toiles d'araignées,
Et les faire flotter au vent, si nous voulons.

"Sire, en outre, tu mets l'opprobre à nos talons.
Nous savons bien pourquoi tu combles de richesses
Nos filles et nos sœurs dont tu fais des duchesses,
Étoiles d'infamie au front de nos maisons.
Roi, nous n'acceptons pas sur nos durs écussons
Des constellations faites avec des taches ;
La honte est mal mêlée à l'ombre des panaches ;
Le soldat a le pied si maladroit, seigneur,
Qu'il ne peut sans boiter traîner le déshonneur.
Nos filles sont nous-même ; au fond de nos tours noires,
Leur beauté chaste est sœur de nos anciennes gloires ;
C'est pourquoi nous trouvons qu'on fait mal à propos
Les rideaux de ton lit avec nos vieux drapeaux.

"Tes juges sont des gueux ; bailliage ou cour plénière.
On trouve, et ce sera ma parole dernière,
Dans nos champs, où l'honneur antique est au rabais,
Pas assez de chemins, sire, et trop de gibets.
Ce luxe n'est pas bon. Nos pins et nos érables
Voyaient jadis, parmi leurs ombres vénérables,
Les bûcherons et non les bourreaux pénétrer ;
Nos grands chênes n'ont point l'habitude d'entrer
Dans l'exécution des lois et des sentences,
Et n'aiment pas donner tant de bois aux potences.

"Nous avons le cœur gros, et nous sommes, ô roi,
Tout près de secouer la corde du beffroi;
Ton altesse nous gêne et nous n'y tenons guère.
Roi, ce n'est pas pour voir nos compagnons de guerre
Accrochés à la fourche et devenus hideux,
Qui, morts, échevelés, quand nous passons près d'eux,
Semblent nous regarder et nous faire reproche;
Ce n'est pas pour subir ton burg sur notre roche,
Plein de danses, de chants et de festins joyeux;
Ce n'est pas pour avoir ces pitiés sous les yeux,
Que nous venons ici, courbant nos vieilles âmes,
Te saluer menant à nos côtés nos femmes;
Ce n'est pas pour cela que nous humilions
Dans elles les agneaux et dans nous les lions.

"Et, pour rachat du mal que tu fais, quand tu donnes
Des rentes aux moutiers, des terres aux madones,
Quand, plus chamarré d'or que le soleil le soir,
Tu vas baiser l'autel, adorer l'ostensoir,
Prier, ou quand tu fais quelque autre simagrée,
Ne te figure pas que ceci nous agrée.
Engraisser des abbés ou doter des couvents,
Cela fait-il que ceux qui sont morts soient vivants?
Roi, nous ne le pensons en aucune manière.
Roi, le chariot verse à trop creuser l'ornière;
L'appétit des rois donne aux peuples appétit;
Si tu ne changes pas d'allure, on t'avertit,
Prends garde. Et c'est cela que je voulais te dire.

— Bien parlé!" dit Ratbert avec un doux sourire.
Et, penché vers l'oreille obscure d'Afranus:
"Nous sommes peu nombreux et follement venus;
Cet homme est fort.

— Très fort, dit le marquis Sénèque.
— Laissez-moi l'inviter à souper," dit l'évêque.

Et c'est pourquoi l'on voit maintenant à Carpi
Un grand baron de marbre en l'église assoupi ;
C'est le tombeau d'Onfroy, ce héros d'un autre âge,
Avec son épitaphe exaltant son courage,
Sa vertu, son fier cœur plus haut que les destins,
Faite par Afranus, évêque, en vers latins.

III
LA CONFIANCE DU MARQUIS FABRICE

I
ISORA DE FINAL.—FABRICE D'ALBENGA

Tout au bord de la mer de Gênes, sur un mont
Qui jadis vit passer les Francs de Pharamond,
Un enfant, un aïeul, seuls dans la citadelle
De Final sur qui veille une garde fidèle,
Vivent, bien entourés de murs et de ravins;
Et l'enfant a cinq ans, et l'aïeul quatre-vingts.

L'enfant est Isora de Final, héritière
Du fief dont Witikind a tracé la frontière;
L'orpheline n'a plus près d'elle que l'aïeul.
L'abandon sur Final a jeté son linceul;
L'herbe, dont, par endroits, les dalles sont couvertes,
Aux fentes des pavés fait des fenêtres vertes;
Sur la route oubliée on n'entend plus un pas;
Car le père et la mère, hélas! ne s'en vont pas
Sans que la vie autour des enfants s'assombrisse.

L'aïeul est le marquis d'Albenga, ce Fabrice
Qui fut bon; cher au pâtre, aimé du laboureur,
Il fut, pour guerroyer le pape ou l'empereur,
Commandeur de la mer et général des villes;
Gênes le fit abbé du peuple, et, des mains viles
Ayant livré l'État aux rois, il combattit.

Tout homme auprès de lui jadis semblait petit;
L'antique Sparte était sur son visage empreinte;
La loyauté mettait sa cordiale étreinte
Dans la main de cet homme à bien faire obstiné.
Comme il était bâtard d'Othon, dit le Non-Né,
Parce qu'on le tira, vers l'an douze cent trente,
Du ventre da sa mère Honorate expirante,
Les rois faisaient dédain de ce fils belliqueux;
Fabrice s'en vengeait en étant plus grand qu'eux.
A vingt ans, il était blond et beau; ce jeune homme
Avait l'air d'un tribun militaire de Rome;
Comme pour exprimer les détours du destin
Dont le héros triomphe, un graveur florentin
Avait sur son écu sculpté le labyrinthe;
Les femmes l'admiraient, se montrant avec crainte
La tête de lion qu'il avait dans le dos.
Il a vu les plus fiers, Requesens et Chandos,
Et Robert, avoué d'Arras, sieur de Béthune,
Fuir devant son épée et devant sa fortune;
Les princes pâlissaient de l'entendre gronder;
Un jour, il a forcé le pape à demander
Une fuite rapide aux galères de Gênes;
C'était un grand briseur de lances et de chaînes,
Guerroyant volontiers, mais surtout délivrant;
Il a par tous été proclamé le plus grand
D'un siècle fort auquel succède un siècle traître;
Il a toujours frémi quand des bouches de prêtre
Dans les sombres clairons de la guerre ont soufflé;
Et souvent de saint Pierre il a tordu la clé
Dans la vieille serrure horrible de l'Église.
Sa bannière cherchait la bourrasque et la bise;
Plus d'un monstre a grincé des dents sous son talon;
Son bras se roidissait chaque fois qu'un félon

Déformait quelque État populaire en royaume ;
Allant, venant dans l'ombre ainsi qu'un grand fantôme,
Fier, levant dans la nuit son cimier flamboyant,
Homme auguste au dedans, ferme au dehors, ayant
En lui toute la gloire et toute la patrie,
Belle âme invulnérable et cependant meurtrie,
Sauvant les lois, gardant les murs, vengeant les droits,
Et sonnant dans la nuit sous tous les coups des rois,
Cinquante ans, ce soldat, dont la tête enfin plie,
Fut l'armure de fer de la vieille Italie ;
Et ce noir siècle, à qui tout rayon semble ôté,
Garde quelque lueur encor de son côté.

II

LE DÉFAUT DE LA CUIRASSE

Maintenant il est vieux ; son donjon, c'est son cloître ;
Il tombe, et, déclinant, sent dans son âme croître
La confiance honnête et calme des grands cœurs ;
Le brave ne croit pas au lâche, les vainqueurs
Sont forts, et le héros est ignorant du fourbe.
Ce qu'osent les tyrans, ce qu'accepte la tourbe,
Il ne le sait ; il est hors de ce siècle vil ;
N'en étant vu qu'à peine, à peine le voit-il ;
N'ayant jamais de ruse, il n'eut jamais de crainte ;
Son défaut fut toujours la crédulité sainte,
Et, quand il fut vaincu, ce fut par loyauté ;
Plus de péril lui fait plus de sécurité.
Comme dans un exil il vit seul dans sa gloire,
Oublié ; l'ancien peuple a gardé sa mémoire,
Mais le nouveau le perd dans l'ombre, et ce vieillard,
Qui fut astre, s'éteint dans un morne brouillard.

Dans sa brume, où les feux du couchant se dispersent,
Il a cette mer vaste et ce grand ciel qui versent
Sur le bonheur la joie et sur le deuil l'ennui.

Tout est derrière lui maintenant; tout a fui;
L'ombre d'un siècle entier devant ses pas s'allonge;
Il semble des yeux suivre on ne sait quel grand songe;
Parfois, il marche et va sans entendre et sans voir.
Vieillir, sombre déclin! l'homme est triste le soir;
Il sent l'accablement de l'œuvre finissante.
On dirait par instants que son âme s'absente,
Et va savoir là-haut s'il est temps de partir.

Il n'a pas un remords et pas un repentir;
Après quatre-vingts ans son âme est toute blanche;
Parfois, à ce soldat qui s'accoude et se penche,
Quelque vieux mur, croulant lui-même, offre un appui;
Grave, il pense; et tous ceux qui sont auprès de lui
L'aiment; il faut aimer pour jeter sa racine
Dans un isolement et dans une ruine;
Et la feuille de lierre a la forme d'un cœur.

III

AÏEUL MATERNEL

Ce vieillard, c'est un chêne adorant une fleur;
A présent une enfant est toute sa famille.
Il la regarde, il rêve; il dit: "C'est une fille,
Tant mieux!" étant aïeul du côté maternel.
La vie en ce donjon a le pas solennel;
L'heure passe et revient ramenant l'habitude.

Ignorant le soupçon, la peur, l'inquiétude,
Tous les matins, il boucle à ses flancs refroidis
Son épée, aujourd'hui rouillée, et qui jadis
Avait la pesanteur de la chose publique;
Quand parfois du fourreau, vénérable relique,
Il arrache la lame illustre avec effort,
Calme, il y croit toujours sentir peser le sort.
Tout homme ici-bas porte en sa main une chose
Où, du bien et du mal, de l'effet, de la cause,
Du genre humain, de Dieu, du gouffre, il sent le poids;
Le juge au front morose a son livre des lois,
Le roi son sceptre d'or, le fossoyeur sa pelle.

Tous les soirs, il conduit l'enfant à la chapelle.
L'enfant prie et regarde avec ses yeux si beaux,
Gaie, et questionnant l'aïeul sur les tombeaux;
Et Fabrice a dans l'œil une humide étincelle.
La main qui tremble aidant la marche qui chancelle.
Ils vont sous les portails et le long des piliers
Peuplés de séraphins mêlés aux chevaliers
Chaque statue, émue à leur pas doux et sombre,
Vibre, et toutes ont l'air de saluer, dans l'ombre,
Les héros le vieillard, et les anges l'enfant.

Parfois Isoretta, que sa grâce défend,
S'échappe dès l'aurore et s'en va jouer seule
Dans quelque grande tour qui lui semble une aïeule,
Et qui mêle, croulante au milieu des buissons,
La légende romane aux souvenirs saxons.
Pauvre être qui contient toute une fière race,
Elle trouble, en passant, le bouc, vieillard vorace,
Dans les fentes des murs broutant le câprier;
Pendant que derrière elle on voit l'aïeul prier,

— Car il ne tarde pas à venir la rejoindre,
Et cherche son enfant dès qu'il voit l'aube poindre,—
Elle court, va, revient, met sa robe en haillons,
Erre de tombe en tombe et suit des papillons,
Ou s'assied, l'air pensif, sur quelque âpre architrave;
Et la tour semble heureuse et l'enfant paraît grave;
La ruine et l'enfance ont de secrets accords,
Car le temps sombre y met ce qui reste des morts.

IV

UN SEUL HOMME SAIT OÙ EST CACHÉ
LE TRÉSOR

Dans ce siècle où tout peuple a son chef qui le broie,
Parmi les rois vautours et les princes de proie,
Certe, on n'en trouverait pas un qui méprisât
Final, donjon splendide et riche marquisat;
Tous les ans, les alleux, les rentes, les censives,
Surchargent vingt mulets de sacoches massives;
La grande tour surveille, au milieu du ciel bleu,
Le sud, le nord, l'ouest et l'est, et saint Matthieu,
Saint Marc, saint Luc, saint Jean, les quatre évangé-
    listes,
Sont sculptés et dorés sur les quatre balistes;
La montagne a pour garde, en outre, deux châteaux,
Soldats de pierre ayant du fer sous leurs manteaux.
Le trésor, quand du coffre on détache les boucles,
Semble à qui l'entrevoit un rêve d'escarboucles;
Ce trésor est muré dans un caveau discret
Dont le marquis régnant garde seul le secret,
Et qui fut autrefois le puits d'une sachette;
Fabrice maintenant connaît seul la cachette;
Le fils de Witikind vieilli dans les combats,

Othon, scella jadis dans les chambres d'en bas
Vingt caissons dont le fer verrouille les façades,
Et qu'Anselme, plus tard, fit remplir de cruzades
Pour que, dans l'avenir, jamais on n'en manquât;
Le casque des marquis est en or de ducat;
On a sculpté deux rois persans, Narse et Tigrane,
Dans la visière aux trous grillés de filigrane,
Et sur le haut cimier, taillé d'un seul onyx,
Un brasier de rubis brûle l'oiseau Phénix;
Et le seul diamant du sceptre pèse une once.

V

LE CORBEAU

Un matin les portiers sonnent du cor. Un nonce
Se présente; il apporte, assisté d'un coureur,
Une lettre du roi qu'on nomme l'empereur;
Ratbert écrit qu'avant de partir pour Tarente
Il viendra visiter Isora, sa parente,
Pour lui baiser le front et pour lui faire honneur.

Le nonce, s'inclinant, dit au marquis: "Seigneur,
Sa Majesté ne fait de visites qu'aux reines."

Au message émané de ses mains très sereines
L'empereur joint un don splendide et triomphant:
C'est un grand chariot plein de jouets d'enfant;
Isora bat des mains avec des cris de joie.

Le nonce, retournant vers celui qui l'envoie,
Prend congé de l'enfant, et, comme procureur
Du très victorieux et très noble empereur,
Fait le salut qu'on fait aux têtes souveraines

"Qu'il soit le bienvenu! Bas le pont! bas les chaînes!
Dit le marquis; sonnez, la trompe et l'olifant!"
Et, fier de voir qu'on traite en reine son enfant,
La joie a rayonné sur sa face loyale.

Or, comme il relisait la lettre impériale,
Un corbeau qui passait fit de l'ombre dessus.
"Les oiseaux noirs guidaient Judas cherchant Jésus;
Sire, vois ce corbeau," dit une sentinelle.
Et, regardant l'oiseau planer sur la tourelle:
"Bah! dit l'aïeul, j'étais pas plus haut que cela,
Compagnon, que déjà ce corbeau que voilà,
Dans la plus fière tour de toute la contrée,
Avait bâti son nid, dont on voyait l'entrée;
Je le connais; le soir, volant dans la vapeur,
Il criait; tous tremblaient; mais, loin d'en avoir peur,
Moi petit, je l'aimais, ce corbeau centenaire
Étant un vieux voisin de l'astre et du tonnerre."

VI

LE PÈRE ET LA MÈRE

Les marquis de Final ont leur royal tombeau
Dans une cave où luit, jour et nuit, un flambeau;
Le soir, l'homme qui met de l'huile dans les lampes
A son heure ordinaire en descendit les rampes;
Là, mangé par les vers dans l'ombre de la mort,
Chaque marquis auprès de sa marquise dort,
Sans voir cette clarté qu'un vieil esclave apporte.
A l'endroit même où pend la lampe, sous la porte,
Était le monument des deux derniers défunts;
Pour raviver la flamme et brûler des parfums,
Le serf s'en approcha; sur la funèbre table,

Sculpté très-ressemblant, le couple lamentable
Dont Isora, sa dame, était l'unique enfant,
Apparaissait ; tous deux, dans cet air étouffant,
Silencieux, couchés côte à côte, statues
Aux mains jointes, d'habits seigneuriaux vêtues,
L'homme avec son lion, la femme avec son chien.
Il vit que le flambeau nocturne brûlait bien ;
Puis, courbé, regarda, des pleurs dans la paupière,
Ce père de granit, cette mère de pierre ;
Alors il recula, pâle ; car il crut voir
Que ces deux fronts, tournés vers la voûte au fond noir,
S'étaient subitement assombris sur leur couche,
Elle ayant l'air plus triste et lui l'air plus farouche.

VII

JOIE AU CHATEAU

Une file de longs et pesants chariots,
Qui précède ou qui suit les camps impériaux,
Marche là-bas avec des éclats de trompette
Et des cris que l'écho des montagnes répète ;
Un gros de lances brille à l'horizon lointain.
La cloche de Final tinte, et c'est ce matin
Que du noble empereur on attend la visite.

On arrache des tours la ronce parasite ;
On blanchit à la chaux en hâte les grands murs ;
On range dans la cour des plateaux de fruits mûrs,
Des grenades venant des vieux monts Alpujarres,
Le vin dans les barils et l'huile dans les jarres ;
L'herbe et la sauge en fleur jonchent tout l'escalier ;
Dans la cuisine un feu rôtit un sanglier ;
On voit fumer les peaux des bêtés qu'on écorche ;

Et tout rit; et l'on a tendu sous le grand porche
Une tapisserie où Blanche d'Est jadis
A brodé trois héros, Macchabée, Amadis,
Achille; et le fanal de Rhode, et le quadrige
D'Aétius, vainqueur du peuple latobrige;
Et, dans trois médaillons marqués d'un chiffre en or,
Trois poëtes, Platon, Plaute et Scæva Memor.
Ce tapis autrefois ornait la grande chambre;
Au dire des vieillards, l'effrayant roi sicambre,
Witikind, l'avait fait clouer en cet endroit
De peur que dans leur lit ses enfants n'eussent froid.

VIII

LA TOILETTE D'ISORA

Cris, chansons; et voilà ces vieilles tours vivantes.
La chambre d'Isora se remplit de servantes;
Pour faire un digne accueil au roi d'Arle, on revêt
L'enfant de ses habits de fête; à son chevet,
L'aïeul, dans un fauteuil d'orme incrusté d'érable,
S'assied, songeant aux jours passés, et, vénérable,
Il contemple Isora: front joyeux, cheveux d'or,
Comme les chérubins peints dans le corridor,
Regard d'enfant Jésus que porte la madone,
Joue ignorante où dort le seul baiser qui donne
Aux lèvres la fraîcheur, tous les autres étant
Des flammes, même, hélas! quand le cœur est content.
Isore est sur le lit assise, jambes nues;
Son œil bleu rêve avec des lueurs ingénues;
L'aïeul rit, doux reflet de l'aube sur le soir!
Et le sein de l'enfant, demi-nu, laisse voir
Ce bouton rose, germe auguste des mamelles;
Et ses beaux petits bras ont des mouvements d'ailes.

Le vétéran lui prend les mains, les réchauffant;
Et, dans tout ce qu'il dit aux femmes, à l'enfant,
Sans ordre, en en laissant deviner davantage,
Espèce de murmure enfantin du grand âge,
Il semble qu'on entend parler toutes les voix
De la vie, heur, malheur, à présent, autrefois,
Deuil, espoir, souvenir, rire et pleurs, joie et peine;
Ainsi tous les oiseaux chantent dans le grand chêne.

"Fais-toi belle; un seigneur va venir; il est bon;
C'est l'empereur; un roi; ce n'est pas un barbon,
Comme nous; il est jeune; il est roi d'Arle, en France;
Vois-tu, tu lui feras ta belle révérence,
Et tu n'oublieras pas de dire: 'monseigneur.'
Vois tous les beaux cadeaux qu'il nous fait! Quel bon-
      heur!
Tous nos bons paysans viendront, parce qu'on t'aime;
Et tu leur jetteras des sequins d'or, toi-même,
De façon que cela tombe dans leur bonnet."

Et le marquis, parlant aux femmes, leur prenait
Les vêtements des mains:

                    "Laissez, que je l'habille!
Oh! quand sa mère était toute petite fille,
Et que j'étais déjà barbe grise, elle avait
Coutume de venir dès l'aube à mon chevet;
Parfois, elle voulait m'attacher mon épée,
Et, de la dureté d'une boucle occupée,
Ou se piquant les doigts aux clous du ceinturon,
Elle riait. C'était le temps où mon clairon
Sonnait superbement à travers l'Italie.
Ma fille est maintenant sous terre, et nous oublie.

D'où vient qu'elle a quitté sa tâche, ô dure loi !
Et qu'elle dort déjà quand je veille encor, moi ?
La fille qui grandit sans la mère, chancelle.
Oh ! c'est triste, et je hais la mort. Pourquoi prend-elle
Cette jeune épousée et non mes pas tremblants ?
Pourquoi ces cheveux noirs et non mes cheveux blancs ?"

Et, pleurant, il offrait à l'enfant des dragées.

"Les choses ne sont pas ainsi bien arrangées ;
Celui qui fait le choix se trompe ; il serait mieux
Que l'enfant eût la mère, et la tombe le vieux.
Mais de la mère au moins il sied qu'on se souvienne ;
Et, puisqu'elle a ma place, hélas ! je prends la sienne.

"Vois donc le beau soleil et les fleurs dans les prés !
C'est par un jour pareil, les Grecs étant rentrés
Dans Smyrne, le plus grand de leurs ports maritimes,
Que, le bailli de Rhode et moi, nous les battîmes.
Mais regarde-moi donc tous ces beaux jouets-là !
Vois ce reître, on dirait un archer d'Attila.
Mais c'est qu'il est vêtu de soie et non de serge !
Et le chapeau d'argent de cette sainte Vierge !
Et ce bonhomme en or ! Ce n'est pas très hideux.
Mais comme nous allons jouer demain tous deux !
Si ta mère était là, qu'elle serait contente !
Ah ! quand on est enfant, ce qui plaît, ce qui tente,
C'est un hochet qui sonne un moment dans la main,
Peu de chose le soir et rien le lendemain ;
Plus tard, on a le goût des soldats véritables,
Des palefrois battant du pied dans les étables,
Des drapeaux, des buccins jetant de longs éclats,
Des camps, et c'est toujours la même chose, hélas !

Sinon qu'alors on a du sang à ses chimères.
Tout est vain. C'est égal, je plains les pauvres mères
Qui laissent leurs enfants derrière elles ainsi."

Ainsi parlait l'aïeul, l'œil de pleurs obscurci,
Souriant cependant, car telle est l'ombre humaine.
Tout à l'ajustement de son ange de reine,
Il habillait l'enfant, et, tandis qu'à genoux
Les servantes chaussaient ces pieds charmants et doux,
Et, les parfumant d'ambre, en lavaient la poussière,
Il nouait gauchement la petite brassière,
Ayant plus d'habitude aux chemises d'acier.

IX

JOIE HORS DU CHATEAU

Le soir vient, le soleil descend dans son brasier;
Et voilà qu'au penchant des mers, sur les collines,
Partout, les milans roux, les chouettes félines,
L'autour glouton, l'orfraie horrible dont l'œil luit
Avec du sang le jour, qui devient feu la nuit,
Tous les tristes oiseaux mangeurs de chair humaine,
Fils de ces vieux vautours, nés de l'aigle romaine,
Que la louve d'airain aux cirques appela,
Qui suivaient Marius et connaissaient Sylla,
S'assemblent; et, les uns, laissant un crâne chauve,
Les autres, aux gibets essuyant leur bec fauve,
D'autres, d'un mât rompu quittant les noirs agrès,
D'autres, prenant leur vol du mur des lazarets,
Tous, joyeux et criant, en tumulte et sans nombre,
Ils se montrent Final, la grande cime sombre
Qu'Othon, fils d'Aleram le Saxon, crénela,
Et se disent entre eux: "Un empereur est là!"

X

SUITE DE LA JOIE

Cloche ; acclamations ; gémissements ; fanfares ;
Feux de joie ; et les tours semblent toutes des phares,
Tant on a, pour fêter ce jour grand à jamais,
De brasiers frissonnants encombré leurs sommets !
La table colossale en plein air est dressée ;
Ce qu'on a sous les yeux répugne à la pensée
Et fait peur ; c'est la joie effrayante du mal ;
C'est plus que le démon, c'est moins que l'animal ;
C'est la cour du donjon tout entière rougie
D'une prodigieuse et ténébreuse orgie ;
C'est Final, mais Final vaincu, tombé, flétri ;
C'est un chant dans lequel semble se tordre un cri ;
Un gouffre où les lueurs de l'enfer sont voisines
Du rayonnement calme et joyeux des cuisines ;
Le triomphe de l'ombre, obscène, effronté, cru ;
Le souper de Satan dans un rêve apparu.

A l'angle de la cour, ainsi qu'un témoin sombre,
Un squelette de tour, formidable décombre,
Sur son faîte vermeil d'où s'enfuit le corbeau,
Dresse et secoue aux vents, brûlant comme un flambeau,
Tout le branchage et tout le feuillage d'un orme ;
Valet géant portant un chandelier énorme.
Le drapeau de l'empire, arboré sur ce bruit,
Gonfle son aigle immense au souffle de la nuit.

Tout un cortège étrange est là ; femmes et prêtres ;
Prélats parmi les ducs, moines parmi les reîtres ;
Les crosses et les croix d'évêques, au milieu

Des piques et des dards, mêlent aux meurtres Dieu,
Les mitres figurant de plus gros fers de lance.
Un tourbillon d'horreur, de nuit, de violence,
Semble emplir tous ces cœurs ; que disent-ils entre eux,
Ces hommes ? En voyant ces convives affreux,
On doute si l'aspect humain est véritable ;
Un sein charmant se dresse au-dessus de la table,
On redoute au-dessous quelque corps tortueux ;
C'est un de ces banquets du monde monstrueux
Qui règne et vit depuis les Héliogabales ;
Le luth lascif s'accouple aux féroces cymbales ;
Le cynique baiser cherche à se prodiguer ;
Il semble qu'on pourrait à peine distinguer
De ces hommes les loups, les chiennes de ces femmes ;
A travers l'ombre, on voit toutes les soifs infâmes,
Le désir, l'instinct vil, l'ivresse aux cris hagards,
Flamboyer dans l'étoile horrible des regards.

Quelque chose de rouge entre les dalles fume ;
Mais, si tiède que soit cette douteuse écume,
Assez de barils sont éventrés et crevés
Pour que ce soit du vin qui court sur les pavés.

Est-ce une vaste noce ? est-ce un deuil morne et triste ?
On ne sait pas à quel dénoûment on assiste,
Si c'est quelque affreux monde à la terre étranger ;
Si l'on voit des vivants ou des larves manger ;
Et si ce qui dans l'ombre indistincte surnage
Est la fin d'un festin ou la fin d'un carnage.

Par moments, le tambour, le cistre, le clairon,
Font ces rages de bruit qui rendaient fou Néron.
Ce tumulte rugit, chante, boit, mange, râle.
Sur un trône est assis Ratbert, content et pâle.

C'est, parmi le butin, les chants, les arcs de fleurs,
Dans un antre de rois un Louvre de voleurs.

Presque nue au milieu des montagnes de roses,
Comme les déités dans les apothéoses,
Altière, recevant vaguement les saluts,
Marquant avec ses doigts la mesure des luths,
Ayant dans le gala les langueurs de l'alcôve,
Près du maître sourit Matha, la blonde fauve ;
Et sous la table, heureux, du genou la pressant,
Le roi cherche son pied dans les mares de sang.

Les grands brasiers, ouvrant leurs gouffres d'étincelles,
Font resplendir les ors d'un chaos de vaisselles ;
On ébrèche aux moutons, aux lièvres montagnards,
Aux faisans, les couteaux tout à l'heure poignards ;
Sixte Malaspina, derrière le roi, songe ;
Toute lèvre se rue à l'ivresse et s'y plonge ;
On achève un mourant en perçant un tonneau ;
L'œil croit, parmi les os de chevreuil et d'agneau,
Aux tremblantes clartés que les flambeaux prolongent,
Voir des profils humains dans ce que les chiens rongent ;
Des chanteurs grecs, portant des images d'étain
Sur leurs chapes, selon l'usage byzantin,
Chantent Ratbert, césar, roi, vainqueur, dieu, génie ;
On entend sous les bancs des soupirs d'agonie ;
Une odeur de tuerie et de cadavres frais
Se mêle au vague encens brûlant dans les coffrets
Et les boîtes d'argent sur des trépieds de nacre ;
Les pages, les valets, encor chauds du massacre,
Servent dans le banquet leur empereur ravi
Et sombre, après l'avoir dans le meurtre servi ;
Sur le bord des plats d'or on voit des mains sanglantes ;

Ratbert s'accoude avec des poses indolentes;
Au-dessus du festin, dans le ciel blanc du soir,
De partout, des hanaps, du buffet, du dressoir,
Des plateaux où les paons ouvrent leurs larges queues,
Des écuelles où brûle un philtre aux lueurs bleues,
Des verres, d'hypocras et de vin écumants,
Des bouches des buveurs, des bouches des amants,
S'élève une vapeur gaie, ardente, enflammée,
Et les âmes des morts sont dans cette fumée.

XI

TOUTES LES FAIMS SATISFAITES

C'est que les noirs oiseaux de l'ombre ont eu raison,
C'est que l'orfraie a bien flairé la trahison,
C'est qu'un fourbe a surpris le vaillant sans défense,
C'est qu'on vient d'écraser la vieillesse et l'enfance.
En vain quelques soldats fidèles ont voulu
Résister, à l'abri d'un créneau vermoulu;
Tous sont morts; et de sang les dalles sont trempées;
Et la hache, l'estoc, les masses, les épées,
N'ont fait grâce à pas un, sur l'ordre que donna
Le roi d'Arle au prévôt Sixte Malaspina.
Et, quant aux plus mutins, c'est ainsi que les nomme
L'aventurier royal fait empereur par Rome,
Trente sur les crochets et douze sur le pal
Expirent au-dessus du porche principal.

Tandis qu'en joyeux chants les vainqueurs se répandent,
Auprès de ces poteaux et de ces croix où pendent
Ceux que Malaspina vient de supplicier,
Corbeaux, hiboux, milans, tout l'essaim carnassier,
Venus des monts, des bois, des cavernes, des havres,

S'abattent par volée et font sur les cadavres
Un banquet, moins hideux que celui d'à côté.

Ah ! le vautour est triste à voir, en vérité,
Déchiquetant sa proie et planant ; on s'effraie
Du cri de la fauvette aux griffes de l'orfraie ;
L'épervier est affreux rongeant des os brisés ;
Pourtant, par l'ombre immense on les sent excusés,
L'impénétrable faim est la loi de la terre,
Et le ciel, qui connaît la grande énigme austère,
La nuit, qui sert de fond au guet mystérieux
Du hibou promenant la rondeur de ses yeux
Ainsi qu'à l'araignée ouvrant ses pâles toiles,
Met à ce festin sombre une nappe d'étoiles ;
Mais l'être intelligent, le fils d'Adam, l'élu
Qui doit trouver le bien après l'avoir voulu,
L'homme, exterminant l'homme et riant, épouvante,
Même au fond de la nuit, l'immensité vivante ;
Et, que le ciel soit noir ou que le ciel soit bleu,
Caïn tuant Abel est la stupeur de Dieu.

XII

QUE C'EST FABRICE QUI EST UN TRAITRE

Un homme qu'un piquet de lansquenets escorte,
Qui tient une bannière inclinée, et qui porte
Une jacque de vair taillée en éventail,
Un héraut, fait ce cri devant le grand portail :

" Au nom de l'empereur clément et plein de gloire,
— Dieu le protége ! — peuple ! il est pour tous notoire
Que le traître marquis Fabrice d'Albenga
Jadis avec les gens des villes se ligua,

Et qu'il a maintes fois guerroyé le saint-siége;
C'est pourquoi l'empereur très clément,—Dieu protége
L'empereur! — le citant à son haut tribunal,
A pris possession de l'État de Final."

L'homme ajoute, dressant sa bannière penchée:
"Qui me contredira, soit sa tête tranchée,
Et ses biens confisqués à l'empereur. J'ai dit."

XIII

SILENCE

Tout à coup on se tait; ce silence grandit,
Et l'on dirait qu'au choc brusque d'un vent qui tombe
Cet enfer a repris sa figure de tombe;
Ce pandémonium, ivre d'ombre et d'orgueil,
S'éteint; c'est qu'un vieillard a paru sur le seuil;
Un prisonnier, un juge, un fantôme; l'ancêtre!

C'est Fabrice.

            On l'amène à la merci du maître.
Ses blêmes cheveux blancs couronnent sa pâleur;
Il a les bras liés au dos comme un voleur;
Et, pareil au milan qui suit des yeux sa proie,
Derrière le captif, marche, sans qu'il le voie,
Un homme qui tient haute une épée à deux mains.

Matha, fixant sur lui ses beaux yeux inhumains,
Rit sans savoir pourquoi, rire étant son caprice.
Dix valets de la lance environnent Fabrice.
Le roi dit: "Le trésor est caché dans un lieu
Qu'ici tu connais seul, et je jure par Dieu
Que, si tu dis l'endroit, marquis, ta vie est sauve."

Fabrice lentement lève sa tête chauve
Et se tait.

       Le roi dit: "Es-tu sourd, compagnon?"

Un reître avec le doigt fait signe au roi que non.

"Marquis, parle! ou sinon, vrai comme je me nomme
Empereur des Romains, roi d'Arle et gentilhomme,
Lion, tu vas japper ainsi qu'un épagneul.
Ici, bourreaux!... Réponds, le trésor?"

                     Et l'aïeul
Semble, droit et glacé parmi les fers de lance,
Avoir déjà pris place en l'éternel silence.

Le roi dit: "Préparez les coins et les crampons.
Pour la troisième fois, parleras-tu? Réponds."

Fabrice, sans qu'un mot d'entre ses lèvres sorte,
Regarde le roi d'Arle, et d'une telle sorte,
Avec un si superbe éclair, qu'il l'interdit;
Et Ratbert, furieux sous ce regard, bondit
Et crie, en s'arrachant le poil de la moustache:
"Je te trouve idiot et mal en point, et sache
Que les jouets d'enfant étaient pour toi, vieillard!
Çà, rends-moi ce trésor, fruit de tes vols, pillard!
Et ne m'irrite pas, ou ce sera ta faute,
Et je vais envoyer sur ta tour la plus haute
Ta tête au bout d'un pieu se taire dans la nuit."

Mais l'aïeul semble d'ombre et de pierre construit;
On dirait qu'il ne sait pas même qu'on lui parle.

"Le brodequin! à toi, bourreau!" dit le roi d'Arle.

Le bourreau vient, la foule effarée écoutait.

On entend l'os crier, mais la bouche se tait.

Toujours prêt à frapper le prisonnier en traître,
Le coupe-tête jette un coup d'œil à son maître.

"Attends que je te fasse un signe," dit Ratbert,
Et, reprenant:

       "Voyons, toi chevalier haubert,
Mais cadet, toi marquis, mais bâtard, si tu donnes
Ces quelques diamants de plus à mes couronnes,
Si tu veux me livrer ce trésor, je te fais
Prince, et j'ai dans mes ports dix galères de Fez
Dont je te fais présent avec cinq cents esclaves."

Le vieillard semble sourd et muet.

         "Tu me braves!
Eh bien! tu vas pleurer," dit le fauve empereur.

XIV

RATBERT REND L'ENFANT A L'AÏEUL

Et voici qu'on entend comme un souffle d'horreur
Frémir, même en cette ombre et même en cette horde.
Une civière passe, il y pend une corde;
Un linceul la recouvre; on la pose à l'écart;
On voit deux pieds d'enfant qui sortent du brancard.

Fabrice, comme au vent se renverse un grand arbre,
Tremble, et l'homme de chair sous cet homme de marbre
Reparaît : et Ratbert fait lever le drap noir.

C'est elle ! Isora ! pâle, inexprimable à voir,
Étranglée, et sa main crispée, et cela navre,
Tient encore un hochet ; pauvre petit cadavre !

L'aïeul tressaille avec la force d'un géant ;
Formidable, il arrache au brodequin béant
Son pied dont le bourreau vient de briser le pouce ;
Les bras toujours liés, de l'épaule il repousse
Tout ce tas de démons, et va jusqu'à l'enfant,
Et sur ses deux genoux tombe, et son cœur se fend.
Il crie en se roulant sur la petite morte :

"Tuée ! ils l'ont tuée ! et la place était forte,
Le pont avait sa chaîne et la herse ses poids,
On avait des fourneaux pour le soufre et la poix,
On pouvait mordre avec ses dents le roc farouche,
Se défendre, hurler, lutter, s'emplir la bouche
De feu, de plomb fondu, d'huile, et les leur cracher
A la figure avec les éclats du rocher !
Non ! on a dit : 'Entrez !' et, par la porte ouverte,
Ils sont entrés ! la vie à la mort s'est offerte !
On a livré la place, on n'a point combattu !
Voilà la chose ; elle est toute simple ; ils n'ont eu
Affaire qu'à ce vieux misérable imbécile !
Égorger un enfant, ce n'est pas difficile.
Tout à l'heure, j'étais tranquille, ayant peu vu
Qu'on tuât des enfants, et je disais : 'Pourvu
Qu'Isora vive, eh bien ! après cela, qu'importe ?'

Mais l'enfant! O mon Dieu! c'est donc vrai qu'elle est
   morte!
Penser que nous étions là tous deux hier encor!
Elle allait et venait dans un gai rayon d'or;
Cela jouait toujours, pauvre mouche éphémère!
C'était la petite âme errante de sa mère!
Le soir, elle posait son doux front sur mon sein,
Et dormait... — Ah! brigand! assassin! assassin!''

Il se dressait, et tout tremblait dans le repaire,
Tant c'était la douleur d'un lion et d'un père,
Le deuil, l'horreur, et tant ce sanglot rugissait!

"Et moi qui, ce matin, lui nouais son corset!
Je disais: 'Fais-toi belle, enfant!' Je parais l'ange
Pour le spectre!... Oh! ris donc là-bas, femme de fange!
Riez tous! Idiot, en effet, moi qui crois
Qu'on peut se confier aux paroles des rois
Et qu'un hôte n'est pas une bête féroce!
Le roi, les chevaliers, l'évêque avec sa crosse,
Ils sont venus, j'ai dit: 'Entrez!' c'étaient des loups!
Est-ce qu'ils ont marché sur elle avec des clous,
Qu'elle est toute meurtrie? Est-ce qu'ils l'ont battue?
Et voilà maintenant nos filles qu'on nous tue
Pour voler un vieux casque en vieil or de ducat!
Je voudrais que quelqu'un d'honnête m'expliquât
Cet événement-ci, voilà ma fille morte!
Dire qu'un empereur vient avec une escorte,
Et que des gens nommés Farnèse, Spinola,
Malaspina, Cibo, font de ces choses-là,
Et qu'on se met à cent, à mille, avec ce prêtre,
Ces femmes, pour venir prendre un enfant en traître,
Et que l'enfant est là, mort, et que c'est un jeu!

C'est à se demander s'il est encore un Dieu,
Et si, demain, après de si lâches désastres,
Quelqu'un osera faire encor lever les astres!
M'avoir assassiné ce petit être-là!
Mais c'est affreux d'avoir à se mettre cela
Dans la tête, que c'est fini, qu'ils l'ont tuée,
Qu'elle est morte!... Oh! ce fils de la prostituée,
Ce Ratbert, comme il m'a hideusement trompé!
O Dieu! de quel démon est cet homme échappé?
Vraiment! est-ce donc trop espérer que de croire
Qu'on ne va point, par ruse et par trahison noire,
Massacrer des enfants, broyer des orphelins,
Des anges, de clarté céleste encor tout pleins?
Mais c'est qu'elle est là morte, immobile, insensible!
Je n'aurais jamais cru que cela fût possible.
Il faut être le fils de cette infâme Agnès!
Rois! j'avais tort jadis quand je vous épargnais;
Quand, pouvant vous briser au front le diadème,
Je vous lâchais, j'étais un scélérat moi-même,
J'étais un meurtrier d'avoir pitié de vous!
Oui, j'aurais dû vous tordre entre mes serres, tous!
Est-ce qu'il est permis d'aller dans les abîmes
Reculer la limite effroyable des crimes,
De voler, oui, ce sont des vols, de faire un tas
D'abominations, de maux et d'attentats,
De tuer des enfants et de tuer des femmes,
Sous prétexte qu'on fut, parmi les oriflammes
Et les clairons, sacré devant le monde entier
Par Urbain quatre, pape et fils d'un savetier?
Que voulez-vous qu'on fasse à de tels misérables?
Avoir mis son doigt noir sur ces yeux adorables!
Ce chef-d'œuvre du Dieu vivant, l'avoir détruit!
Quelle mamelle d'ombre et d'horreur et de nuit,

Dieu juste, a donc été de ce monstre nourrice?
Un tel homme suffit pour qu'un siècle pourrisse.
Plus de bien ni de mal, plus de droit, plus de lois.
Est-ce que le tonnerre est absent quelquefois?
Est-ce qu'il n'est pas temps que la foudre se prouve,
Cieux profonds, en broyant ce chien, fils de la louve?
Oh! sois maudit, maudit, maudit, et sois maudit,
Ratbert, empereur, roi, césar, escroc, bandit!
O grand vainqueur d'enfants de cinq ans! maudits
     soient
Les pas que font tes pieds, les jours que tes yeux voient,
Et la gueuse qui t'offre en riant son sein nu,
Et ta mère publique, et ton père inconnu!
Terre et cieux! c'est pourtant bien le moins qu'un
     doux être
Qui joue à notre porte et sous notre fenêtre,
Qui ne fait rien que rire et courir dans les fleurs
Et qu'emplir de soleil nos pauvres yeux en pleurs,
Ait le droit de jouir de l'aube qui l'enivre,
Puisque les empereurs laissent les forçats vivre,
Et puisque Dieu, témoin des deuils et des horreurs,
Laisse sous le ciel noir vivre les empereurs!''

XV

LES DEUX TÊTES

Ratbert, en ce moment, distrait jusqu'à sourire,
Écoutait Afranus à voix basse lui dire:
''Majesté, le caveau du trésor est trouvé.''

L'aïeul pleurait.

                    ''Un chien, au coin des murs crevé,
Est un être enviable auprès de moi. Va, pille,

Vole, égorge, empereur! O ma petite fille,
Parle-moi! Rendez-moi mon doux ange, ô mon Dieu!
Elle ne va donc pas me regarder un peu?
Mon enfant! tous les jours nous allions dans les lierres.
Tu disais: 'Vois les fleurs,' et moi: 'Prends garde
        aux pierres!'
Et je la regardais, et je crois qu'un rocher
Se fût attendri rien qu'en la voyant marcher.
Hélas! avoir eu foi dans ce monstrueux drôle!
Mets ta tête adorée auprès de mon épaule.
Est-ce que tu m'en veux? C'est moi qui suis là! Dis,
Tu n'ouvriras donc plus tes yeux du paradis!
Je n'entendrai donc plus ta voix, pauvre petite!
Tout ce qui me tenait aux entrailles me quitte;
Et ce sera mon sort, à moi, le vieux vainqueur,
Qu'à deux reprises Dieu m'ait arraché le cœur,
Et qu'il ait retiré de ma poitrine amère
L'enfant, après m'avoir ôté du flanc la mère!
Mon Dieu, pourquoi m'avoir pris cet être si doux?
Je n'étais pourtant pas révolté contre vous,
Et je consentais presque à ne plus avoir qu'elle.
Morte! et moi, je suis là, stupide, qui l'appelle!
Oh! si je n'avais pas les bras liés, je crois
Que je réchaufferais ses pauvres membres froids;
Comme ils l'ont fait souffrir! La corde l'a coupée.
Elle saigne."

                Ratbert, blême et la main crispée,
Le voyant à genoux sur son ange dormant,
Dit: "Porte-glaive, il est ainsi commodément."

Le porte-glaive fit, n'étant qu'un misérable,
Tomber sur l'enfant mort la tête vénérable.
Et voici ce qu'on vit dans ce même instant-là:

La tête de Ratbert sur le pavé roula,
Hideuse, comme si le même coup d'épée,
Frappant deux fois, l'avait avec l'autre coupée.

L'horreur fut inouïe ; et tous, se retournant,
Sur le grand fauteuil d'or du trône rayonnant
Aperçurent le corps de l'empereur sans tête,
Et son cou d'où sortait, dans un bruit de tempête,
Un flot rouge, un sanglot de pourpre, éclaboussant
Les convives, le trône et la table, de sang.
Alors, dans la clarté d'abîme et de vertige
Qui marque le passage énorme d'un prodige,
Des deux têtes on vit l'une, celle du roi,
Entrer sous terre et fuir dans le gouffre d'effroi
Dont l'expiation formidable est la règle,
Et l'autre s'envoler avec des ailes d'aigle.

XVI
APRÈS JUSTICE FAITE

L'ombre couvre à présent Ratbert, l'homme de nuit.
Nos pères — c'est ainsi qu'un nom s'évanouit —
Défendaient d'en parler, et du mur de l'histoire
Les ans ont effacé cette vision noire.

Le glaive qui frappa ne fut point aperçu ;
D'où vint ce sombre coup, personne ne l'a su ;
Seulement, ce soir-là, bêchant pour se distraire,
Héraclius le Chauve, abbé de Joug-Dieu, frère
D'Acceptus, archevêque et primat de Lyon,
Étant aux champs avec le diacre Pollion,
Vit, dans les profondeurs par les vents remuées,
Un archange essuyer son épée aux nuées.